缉私刑事执法一本通

路长明　编著

燕山大学出版社

2018・秦皇岛

图书在版编目（CIP）数据

缉私刑事执法一本通 / 路长明编著. —秦皇岛：燕山大学出版社，2018.11
ISBN 978-7-81142-766-0

Ⅰ. ①缉… Ⅱ. ①路… Ⅲ. ①刑事诉讼—执行（法律）—基本知识—中国
Ⅳ. ①D925.218.4

中国版本图书馆 CIP 数据核字（2018）第 255864 号

缉私刑事执法一本通
路长明 编著

出 版 人：陈 玉
责任编辑：唐 雷
封面设计：朱玉慧
出版发行：燕山大学出版社 YANSHAN UNIVERSITY PRESS
地 址：河北省秦皇岛市河北大街西段 438 号
邮政编码：066004
电 话：0335-8387555
印 刷：北京建宏印刷有限公司
经 销：全国新华书店

开 本：700mm×1000mm 1/16　　印 张：13.5　　字 数：230 千字
版 次：2018 年 11 月第 1 版　　印 次：2018 年 11 月第 1 次印刷
书 号：ISBN 978-7-81142-766-0
定 价：52.00 元

前　言

2012年3月，第十一届全国人民代表大会第五次会议审议通过了《关于修改〈中华人民共和国刑事诉讼法〉的决定》，为正确贯彻执行修改后的《刑事诉讼法》，2012年12月3日，公安部部长办公会议通过《公安机关办理刑事案件程序规定》（公安部令第127号），进一步明确了证据标准和取证要求，对辩护律师与在押犯罪嫌疑人会见通信、了解案件情况、提出意见，采取强制措施后通知家属，对犯罪嫌疑人在传唤、拘传、讯问期间的饮食和休息权，诉讼参与人的申诉、控告、复议复核权等方面进一步提出了明确要求。

本书以最新缉私刑事执法法律、法规和缉私部门相关规范性文件为基础，本着规范缉私刑事执法需要、业务培训需要的思路进行设计，从繁多的法律法规中提炼、整理、归纳，吸收了最新的法律规定，理论联系实际，贴近缉私刑事执法工作实际。采用问答的方式来解答和诠释缉私刑事执法过程中遇到的各种实际问题，基本涵盖了缉私刑事执法的各个环节，易学易用。本书既有业务指导的特点，又极具实用性和操作性。既可作为培训教材，又可作为海关、公安、边防等部门办理走私犯罪案件的工具书。

本书在编写过程中得到了天津、满洲里、大连、哈尔滨、上海、南京、南宁、湛江、银川等地海关缉私局，中国人民武装警察部队学院王华副教授，海南海警总队办公室主任杨春等领导和同行的指导和帮助。在此，谨向对本书的出版做出贡献的各级领导、专家和同行表示由衷的感谢！

社会在发展，法律在逐步完善。由于作者水平的限制，本书不足之处在所难免，恳请读者批评指正。

编者

2017年8月

目录

第一章　管辖与回避

1. 公、检、法三机关各自的职责有哪些？

1982 年 12 月 4 日第五届全国人民代表大会第五次会议通过的《中华人民共和国宪法》明确规定：

中华人民共和国人民法院是国家的审判机关。中华人民共和国人民检察院是国家的法律监督机关。

2012 年 3 月 14 日第十一届全国人民代表大会第五次会议通过，2012 年 3 月 14 日发布的《中华人民共和国刑事诉讼法》规定：

对刑事案件的侦查、拘留、执行逮捕、预审，由公安机关负责。检察、批准逮捕、检察机关直接受理的案件的侦查、提起公诉，由人民检察院负责。审判由人民法院负责。除法律特别规定的以外，其他任何机关、团体和个人都无权行使这些权力。人民法院、人民检察院和公安机关进行刑事诉讼，必须严格遵守刑事诉讼法和其他法律的有关规定。

国家安全机关依照法律规定，办理危害国家安全的刑事案件，行使与公安机关相同的职权。

2. 走私犯罪侦查的基本程序是什么？

走私犯罪侦查的基本程序包括案件受理、立案、侦查、侦查终结、移送审查起诉等步骤。

案件受理是指走私犯罪侦查机关对于报案、控告、举报和自首的案件依法接受的一种侦查活动。

立案是指侦查机关受理案件后，经过审查，认为有犯罪事实需要追究刑事责任，且属于自己管辖的，由受案单位制作《刑事案件立案报告书》，经支局以上走私犯罪侦查机关负责人批准，予以立案。

侦查是指侦查机关对已经立案的刑事案件，所进行的全面、客观的收集，调取犯罪嫌疑人有罪或者无罪、罪轻或者罪重的证据材料的活动。

侦查终结是指侦查工作的终止和结束，侦查机关根据已经查明的案件事实和收集到的证据，依法对案件提出处理意见。经过侦查的案件，达到犯罪事实清楚、证据确实、充分要求的，应当侦查终结，移送检察机关审查起诉。所谓证据确实、充分是指：（1）认定的案件事实都有证据证明。（2）认定的案件事实的证据均经法定程序查证属实。（3）综合全案证据，对所认定事实已排除合理怀疑。

移送审查起诉是指海关缉私部门对立案侦查的走私犯罪案件，认为案件事实清楚，证据确实充分，案件的性质认定准确，法律手续完备，对走私犯罪嫌疑人按照法定程序移送人民检察院审查起诉的诉讼活动。

补充侦查是指人民检察院对海关缉私部门移送审查起诉的案件，在审查起诉的过程中，发现犯罪事实不清、证据不足或者尚有遗漏罪行，需要退回海关缉私部门做进一步调查以补充证据的诉讼活动。人民检察院对移送审查起诉的案件，经审查决定退回海关缉私部门补充侦查的，海关缉私部门在接到退回补充侦查的法律文书后，应当按照人民检察院补充侦查提纲的要求，在一个月以内补充侦查完毕，补充侦查的次数以两次为限。

撤销案件是指海关缉私部门对立案后经侦查证实没有犯罪事实，或者行为人的行为不构成犯罪，或者构成犯罪但不需要追究刑事责任，或者强制措施期满、解除后超过 12 个月没有移送审查起诉的，将案件予以消除的诉讼活动。

3. 侦查机关侦查的刑事案件涉及检察院管辖的案件时，如何解决管辖问题？

《公安机关办理刑事案件程序规定》第 28 条第 1 款规定：

公安机关侦查的刑事案件涉及人民检察院管辖的案件时，应当将属于人民检察院管辖的刑事案件移送人民检察院。涉嫌主罪属于公安机关管辖的，由公安机关为主侦查；涉嫌主罪属于人民检察院管辖的，公安机关予以配合。

4. 对几个侦查机关都有权管辖的刑事案件和管辖不明确的刑事案件，如何确定管辖机关？

走私犯罪案件的管辖则比较复杂。海关缉私局依法管辖走私犯罪案件，不承担侦查其他刑事案件的职责。包括：（1）依法管辖在中华人民共和国关境内发生的涉税走私犯罪案件，也就是所有的涉税走私犯罪案件都归海关缉私局管辖；（2）依法管辖在海关监管区内发生的非涉税走私犯罪案件。

从地域管辖的角度看，走私犯罪案件由犯罪地或犯罪嫌疑人居住地的海关缉私局管辖。由于走私犯罪案件复杂、环节多，其犯罪地可能涉及多个犯罪行为发生地，包括货物和物品的进出口（境）地、报关地、运输地、收购地、销售地、核销地等。对有多个走私犯罪行为发生地的，由最初受理的海关缉私局管辖或者由主要走私犯罪地的海关缉私局管辖。当管辖有争议时，由共同的上级海关缉私部门指定管辖。

发生在海上的走私犯罪案件，由海关总署或广东分署划定的各海关分工主管的海（水）域的海关缉私局管辖。但是，对于走私犯罪船舶有跨辖区连续追缉情形或者执行统一专项缉私行动的，由缉获走私船舶的海关缉私局管辖。

5. 侦查机关和武警部队互涉刑事案件的管辖分工如何确定？

《公安机关办理刑事案件程序规定》第 29 条规定：

公安机关和武装警察部队互涉刑事案件的管辖分工依照公安机关和军队互涉刑事案件的管辖分工的原则办理。

列入武装警察部队序列的公安边防、消防、警卫部门人员的犯罪案件，由公安机关管辖。

6. 侦查机关负责人、侦查人员有哪些情形的，应当回避？

《公安机关办理刑事案件程序规定》规定：

第 30 条：公安机关负责人、侦查人员有下列情形之一的，应当自行提出回避申请，没有自行提出回避申请的，应当责令其回避，当事人及其法定代理人也有权要求他们回避：（一）是本案的当事人或者是当事人的近亲属的；

（二）本人或者他的近亲属和本案有利害关系的；（三）担任过本案的证人、鉴定人、辩护人、诉讼代理人的；（四）与本案当事人有其他关系，可能影响公正处理案件的。

第 32 条第 1 款：公安机关负责人、侦查人员自行提出回避申请的，应当说明回避的理由；口头提出申请的，公安机关应当记录在案。

公安机关负责人、侦查人员不得接受当事人及其委托人的请客送礼，不得违反规定会见当事人及其委托人。违反规定的，应当依法追究法律责任。当事人及其法定代理人有权要求他们回避。

第 32 条第 2 款：当事人及其法定代理人要求公安机关负责人、侦查人员回避，应当提出申请，并说明理由；口头提出申请的，公安机关应当记录在案。

7. 对侦查人员的回避如何决定？

《公安机关办理刑事案件程序规定》第 33 条规定：

侦查人员的回避，由县级以上公安机关负责人决定；县级以上公安机关负责人的回避，由同级人民检察院检察委员会决定。

公安机关负责人、侦查人员具有应当回避的情形之一，本人没有自行回避，当事人及其法定代理人也没有申请他们回避的，应当由同级人民检察院检察委员会或者县级以上公安机关负责人决定他们回避。

8. 当事人及其法定代理人对侦查机关作出的驳回申请回避的决定不服的，如何办理？

《公安机关办理刑事案件程序规定》规定：

公安机关作出驳回申请回避的决定后，应当告知当事人及其法定代理人，如不服本决定，可以在收到《驳回申请回避决定书》后 5 日内向原决定机关申请复议一次。

第 35 条：当事人及其法定代理人对驳回申请回避的决定不服的，可以在收到驳回申请回避决定书后 5 日以内向作出决定的公安机关申请复议。

9. 被决定回避的侦查机关负责人、侦查人员、鉴定人、记录人和翻译人员，在回避决定做出以前所进行的诉讼活动是否有效？

《公安机关办理刑事案件程序规定》规定：

第 38 条第 2 款：记录人、翻译人员和鉴定人需要回避的，由县级以上公安机关负责人决定。

在侦查过程中，鉴定人、记录人和翻译人员需要回避的，由县级以上公安机关负责人决定。被决定回避的公安机关负责人、侦查人员、鉴定人、记录人和翻译人员，在回避决定做出以前所进行的诉讼活动是否有效，由作出决定的机关根据案件情况决定，在做出回避决定前或者复议期间，公安机关负责人、侦查人员不得停止对案件的侦查。

第 37 条：被决定回避的公安机关负责人、侦查人员在回避决定做出以前所进行的诉讼活动是否有效，由作出决定的机关根据案件情况决定。

第二章 律师参与刑事诉讼

10. 在侦查阶段，如何保障犯罪嫌疑人的合法权利？

《刑事诉讼法》第 33 条规定：

在侦查阶段，犯罪嫌疑人可以自己聘请律师，也可以由其家属代为聘请。

根据《公安机关办理刑事案件程序规定》，在押的犯罪嫌疑人提出聘请律师的，看守所应及时将其请求转达办案部门，办案部门应当及时向其所委托辩护律师或者所在的律师事务所转达该项请求。犯罪嫌疑人仅有聘好律师的要求，但提不出具体对象，侦查机关应及时通知当地律师协会或者司法行政机关为其推荐律师。

11. 被羁押的犯罪嫌疑人及其近亲属和律师申请取保候审，有权决定的机关应在几日内作出答复？

《刑事诉讼法》第 97 条规定：

犯罪嫌疑人、被告人及其法定代理人、近亲属或者辩护人有权申请变更强制措施。人民法院、人民检察院和公安机关收到申请后，应当在三日以内作出决定；不同意变更强制措施的，应当告知申请人，并说明不同意的理由。

第三章 强制措施

12. 犯罪嫌疑人不讲真实姓名、住址，身份不明但犯罪事实清楚，证据确实、充分的，可否移送人民检察院审查起诉？

《公安机关办理刑事案件程序规定》第 126 条规定：

犯罪嫌疑人不讲真实姓名、住址，身份不明的，应当对其身份进行调查。经县级以上公安机关负责人批准，拘留期限自查清其身份之日起计算，但不得停止对其犯罪行为的侦查取证。

对符合逮捕条件的犯罪嫌疑人，也可以按其自报的姓名提请批准逮捕。

13. 侦查机关对犯罪嫌疑人拘传的，应填报哪些材料？

《公安机关办理刑事案件程序规定》第 74 条规定：

公安机关根据案件情况对需要拘传的犯罪嫌疑人，或者经过传唤没有正当理由不到案的犯罪嫌疑人，可以拘传到其所在市、县内的指定地点进行讯问。

需要拘传的，应当填写呈请拘传报告书，并附有关材料，报县级以上公安机关负责人批准。

14. 侦查机关拘传犯罪嫌疑人应出示哪些证件？

《公安机关办理刑事案件程序规定》第 75 条规定：

公安机关拘传犯罪嫌疑人应当出示拘传证，并责令其在拘传证上签名、捺指印。

犯罪嫌疑人到案后，应当责令其在拘传证上填写到案时间；拘传结束后，应当由其在拘传证上填写拘传结束时间。犯罪嫌疑人拒绝填写的，侦查人员应当在拘传证上注明。

15. 侦查机关需要对被拘传人变更为其他强制措施的，应如何办理？

《公安机关办理刑事案件程序规定》第 76 条规定：

拘传持续的时间不得超过十二小时；案情特别重大、复杂，需要采取拘留、逮捕措施的，经县级以上公安机关负责人批准，拘传持续的时间不得超过二十四小时。不得以连续拘传的形式变相拘禁犯罪嫌疑人。

拘传期限届满，未作出采取其他强制措施决定的，应当立即结束拘传。

16. 侦查机关到异地执行拘传，执行人员应持哪些证件？

《公安机关办理刑事案件程序规定》第 338 条规定：

异地执行传唤、拘传，执行人员应当持传唤证、拘传证、办案协作函件和工作证件，与协作地县级以上公安机关联系，协作地公安机关应当协助将犯罪嫌疑人传唤、拘传到本市、县内的指定地点或者到犯罪嫌疑人的住处进行讯问。

17. 侦查机关对犯罪嫌疑人采取拘传强制时，应符合哪些要求？

2012 年 3 月 14 日第十一届全国人民代表大会第五次会议通过，2012 年 3 月 14 日发布的《中华人民共和国刑事诉讼法》规定：

人民法院、人民检察院和公安机关根据案件情况，对犯罪嫌疑人、被告人可以拘传。

对不需要逮捕、拘留的犯罪嫌疑人，可以传唤到犯罪嫌疑人所在市、县内的指定地点或者到他的住处进行讯问，但是应当出示人民检察院或者公安机关的证明文件。对在现场发现的犯罪嫌疑人，经出示工作证件，可以口头传唤，但应当在讯问笔录中注明。

传唤、拘传持续的时间不得超过十二小时；案情特别重大、复杂，需要采取拘留、逮捕措施的，传唤、拘传持续的时间不得超过二十四小时。

不得以连续传唤、拘传的形式变相拘禁犯罪嫌疑人。传唤、拘传犯罪嫌疑人，应当保证犯罪嫌疑人的饮食和必要的休息时间。

18. 人民警察对哪些人员，可以予以拘留或者采取法律规定的其他措施？

1995年2月28日第八届全国人民代表大会常务委员会第十二次会议通过的《中华人民共和国人民警察法》规定：

公安机关的人民警察对严重危害社会治安秩序或者威胁公共安全的人员，可以强行带离现场、依法予以拘留或者采取法律规定的其他措施。

县级以上公安机关，经上级公安机关和同级人民政府批准，对严重危害社会治安秩序的突发事件，可以根据情况实行现场管制。公安机关的人民警察依照前述规定，可以采取必要手段强行驱散，并对拒不服从的人员强行带离现场或者立即予以拘留。

19. 侦查机关对哪些现行犯或者重大嫌疑分子，可以先行拘留？

2012年3月14日第十一届全国人民代表大会第五次会议通过，2012年3月14日发布的《中华人民共和国刑事诉讼法》规定：

公安机关对于现行犯或者重大嫌疑分子，如果有下列情形之一的，可以先行拘留：

（一）正在预备犯罪、实行犯罪或者在犯罪后即时被发觉的；

（二）被害人或者在场亲眼看见的人指认其犯罪的；

（三）在身边或者住处发现有犯罪证据的；

（四）犯罪后企图自杀、逃跑或者在逃的；

（五）有毁灭、伪造证据或者串供可能的；

（六）不讲真实姓名、住址，身份不明的；

（七）有流窜作案、多次作案、结伙作案重大嫌疑的。

20. 侦查机关在异地如何执行拘留、逮捕？

2012 年 3 月 14 日第十一届全国人民代表大会第五次会议通过，2012 年 3 月 14 日发布的《中华人民共和国刑事诉讼法》规定：

公安机关在异地执行拘留、逮捕的时候，应当通知被拘留、逮捕人所在地的公安机关，被拘留、逮捕人所在地的公安机关应当予以配合。

21. 侦查机关拘留犯罪嫌疑人须符合哪些规定？

2012 年 3 月 14 日第十一届全国人民代表大会第五次会议通过，2012 年 3 月 14 日发布的《中华人民共和国刑事诉讼法》规定：

公安机关拘留人的时候，必须出示拘留证。

拘留后，应当立即将被拘留人送看守所羁押，至迟不得超过二十四小时。除无法通知或者涉嫌危害国家安全犯罪、恐怖活动犯罪通知可能有碍侦查的情形以外，应当在拘留后二十四小时以内，通知被拘留人的家属。有碍侦查的情形消失以后，应当立即通知被拘留人的家属。

《公安机关办理刑事案件程序规定》规定：

第 121 条第 1 款：拘留犯罪嫌疑人，应当填写呈请拘留报告书，经县级以上公安机关负责人批准，制作拘留证。执行拘留时，必须出示拘留证，并责令被拘留人在拘留证上签名、捺指印，拒绝签名、捺指印的，侦查人员应当注明。

对符合可以先行拘留规定的情形之一，因情况紧急来不及办理拘留手续的，应当在将犯罪嫌疑人带至公安机关后立即办理法律手续。

第 121 条第 2 款：紧急情况下，对于符合本规定第一百二十条所列情形之一的，应当将犯罪嫌疑人带至公安机关后立即审查，办理法律手续。

22. 侦查机关对被拘留的人，如何提请人民检察院审查批准逮捕？

2012 年 3 月 14 日第十一届全国人民代表大会第五次会议通过，2012 年 3 月 14 日发布的《中华人民共和国刑事诉讼法》规定：

公安机关对被拘留的人，认为需要逮捕的，应当在拘留后的三日以内，提请人民检察院审查批准。在特殊情况下，提请审查批准的时间可以延长一日至四日。

对于流窜作案、多次作案、结伙作案的重大嫌疑分子，提请审查批准的时间可以延长至三十日。

人民检察院应当自接到公安机关提请批准逮捕书后的七日以内，作出批准逮捕或者不批准逮捕的决定。人民检察院不批准逮捕的，公安机关应当在接到通知后立即释放，并且将执行情况及时通知人民检察院。对于需要继续侦查，并且符合取保候审、监视居住条件的，依法取保候审或者监视居住。

23. 侦查机关对现行犯或者重大嫌疑分子先行拘留的时候，发现其是县级以上人民代表大会代表的，应如何处理？

《公安机关办理刑事案件程序规定》第 162 条规定：

公安机关对现行犯拘留的时候，发现其是县级以上人民代表大会代表的，应当立即向其所属的人民代表大会主席团或者常务委员会报告。

公安机关在依法执行拘传、取保候审、监视居住、拘留或者逮捕中，发现被执行人是县级以上人民代表大会代表的，应当暂缓执行，并报告决定或者批准机关。如果在执行后发现被执行人是县级以上人民代表大会代表的，应当立即解除，并报告决定或者批准机关。

24. 拘留后，侦查机关发现有哪些情形的，可不予通知被拘留人家属或单位？

《公安机关办理刑事案件程序规定》第 123 条规定：

除无法通知或者涉嫌危害国家安全犯罪、恐怖活动犯罪通知可能有碍侦查的情形以外，应当在拘留后二十四小时以内制作拘留通知书，通知被拘留人的家属。拘留通知书应当写明拘留原因和羁押处所。

本条规定的“无法通知”的情形适用本规定第一百零九条第二款的规定。

有下列情形之一的，属于本条规定的“有碍侦查”：

（一）可能毁灭、伪造证据，干扰证人作证或者串供的；

（二）可能引起同案犯逃避、妨碍侦查的；

（三）犯罪嫌疑人的家属与犯罪有牵连的。

无法通知、有碍侦查的情形消失以后，应当立即通知被拘留人的家属。

对于没有在二十四小时以内通知家属的，应当在拘留通知书中注明原因。

25. 需要延长拘留期限的，侦查机关应如何办理？

需要延长拘留期限的，办案单位应当在期限届满前 24 小时内制作《呈请延长拘留期限报告书》，报县级以上公安机关负责人批准。

26. 对犯罪嫌疑人审查批准拘留后，分别作出哪些处理？

《公安机关办理刑事案件程序规定》规定：

第 127 条：对被拘留的犯罪嫌疑人审查后，根据案件情况报经县级以上公安机关负责人批准，分别作出如下处理：

（一）需要逮捕的，在拘留期限内，依法办理提请批准逮捕手续；

（二）应当追究刑事责任，但不需要逮捕的，依法直接向人民检察院移送审查起诉，或者依法办理取保候审或者监视居住手续后，向人民检察院移送审查起诉；

（三）拘留期限届满，案件尚未办结，需要继续侦查的，依法办理取保候审或者监视居住手续；

（四）具有本规定第 183 条规定情形之一的，释放被拘留人，发给释放证明书；需要行政处理的，依法予以处理或者移送有关部门。

第 183 条：经过侦查，发现具有下列情形之一的，应当撤销案件：

（一）没有犯罪事实的；

（二）情节显著轻微、危害不大，不认为是犯罪的；

（三）犯罪已过追诉时效期限的；

（四）经特赦令免除刑罚的；

（五）犯罪嫌疑人死亡的；

（六）其他依法不追究刑事责任的。

27. 侦查机关对哪些犯罪嫌疑人，可以取保候审？

《公安机关办理刑事案件程序规定》第 77 条第 1 款规定：

公安机关对具有下列情形之一的犯罪嫌疑人，可以取保候审：

（一）可能判处管制、拘役或者独立适用附加刑的；

（二）可能判处有期徒刑以上刑罚，采取取保候审不致发生社会危险性的；

（三）患有严重疾病、生活不能自理，怀孕或者正在哺乳自己婴儿的妇女，采取取保候审不致发生社会危险性的；

（四）羁押期限届满，案件尚未办结，需要继续侦查的。

28. 取保候审有哪两种方式？

《中华人民共和国刑事诉讼法》对取保候审的适用对象、适用条件、保证人的条件和义务，取保候审对象应遵守的规定，取保候审的执行和期限等，作出了明确和具体的规定。

取保候审有保证人保证和保证金保证两种方式。对前一种方式，《中华人民共和国刑事诉讼法》规定了保证人不履行法定义务所承担的法律责任，一是罚款，二是依法追究刑事责任。实践中确有一些保证人不依法履行保证义务，对此要认真调查，查清事实，依法处理。该罚款的要坚决罚款，罚款数额要与保证人所承担的保证义务相一致，参与犯罪嫌疑人逃避侦查活动构成犯罪的，要坚决依法立案，追究刑事责任。

29. 取保候审的期限如何确定？

1996 年 3 月 17 日第八届全国人民代表大会第四次会议修正的《中华人民共和国刑事诉讼法》第 58 条规定：

人民法院、人民检察院和公安机关对犯罪嫌疑人、被告人取保候审最长不得超过十二个月，监视居住最长不得超过六个月。

关于取保候审的期限，根据《刑事诉讼法》第 58 条的上述规定，不应理解为公、检、法三机关对一个犯罪嫌疑人、被告人取保候审的累计最长期限不得超过 12 个月，而应理解为公、检、法每个机关有权决定取保候审的最长期限不得超过 12 个月。

30. 对犯罪嫌疑人取保候审，能否要求同时提供保证人并交纳保证金？

最高人民法院、最高人民检察院、公安部、国家安全部、司法部、全国人大常委会法制工作委员会 1998 年 1 月 19 日联合发布的《关于刑事诉讼法实施中若干问题的规定》规定：

《刑事诉讼法》第 53 条规定“对犯罪嫌疑人、被告人取保候审，应当责令犯罪嫌疑人、被告人提出保证人或者交纳保证金。”根据这一规定，不能要求同时提供保证人并交纳保证金。

最高人民法院、最高人民检察院、公安部、国家安全部 1999 年 8 月 4 日以公通字〔1999〕59 号联合发布的《关于取保候审若干问题的规定》规定：

对犯罪嫌疑人、被告人决定取保候审的，应当责令其提出保证人或者交纳保证金。对同一犯罪嫌疑人、被告人决定取保候审的，不得同时使用保证人保证和保证金保证。

31. 被采取取保候审的犯罪嫌疑人需离开所居住的市、县或住处的，如何办理？

最高人民法院、最高人民检察院、公安部、国家安全部、司法部、全国人大常委会法制工作委员会 1998 年 1 月 19 日联合发布的《关于刑事诉讼法实施中若干问题的规定》规定：

被采取取保候审、监视居住的犯罪嫌疑人、被告人无正当理由不得离开所居住的市、县或者住处，有正当理由需离开所居住的市、县或者住处的，应当经执行机关批准。如取保候审、监视居住是由人民检察院、人民法院决定的，执行机关在批准犯罪嫌疑人、被告人离开所居住的市、县或者住处前，应当征得决定机关同意。

32. 对哪些违反取保候审规定的犯罪嫌疑人，应当予以逮捕？

1999 年 1 月 18 日最高人民检察院公布的《人民检察院刑事诉讼规则》规定：

对下列违反取保候审规定的犯罪嫌疑人，应当予以逮捕：

（一）企图自杀、逃跑，逃避侦查、审查起诉的；

（二）实施毁灭、伪造证据或者串供，干扰证人作证行为，足以影响侦查、审查起诉工作正常进行的；

（三）未经批准，擅自离开所居住的市、县，造成严重后果，或者两次未经批准，擅自离开所居住的市、县的；

（四）经传讯不到案，造成严重后果，或者两次传讯不到案的。

对在取保候审期间故意实施新的犯罪行为的犯罪嫌疑人，予以逮捕；已交纳保证金的，同时通知公安机关没收保证金。

33. 侦查机关决定对犯罪嫌疑人取保候审，案件移送人民检察院审查起诉后，对需要继续取保候审的，如何计算取保候审的期限？

1999 年 1 月 18 日最高人民检察院公布的《人民检察院刑事诉讼规则》规定：

公安机关决定对犯罪嫌疑人取保候审，案件移送人民检察院审查起诉后，对于需要继续取保候审的，人民检察院应当依法对犯罪嫌疑人办理取保候审手续。取保候审的期限应当重新计算并告知犯罪嫌疑人。

在取保候审期间，不得中断对案件的侦查、审查起诉。

34. 取保候审期限届满或者发现不应当追究犯罪嫌疑人的刑事责任的，应如何办理？

1999 年 1 月 18 日最高人民检察院公布的《人民检察院刑事诉讼规则》规定：

取保候审期限届满或者发现不应当追究犯罪嫌疑人的刑事责任的，应当及时解除或者撤销取保候审。

35. 执行机关在执行取保候审时，应告知被取保候审人哪些情况？

1996 年 3 月 17 日第八届全国人民代表大会第四次会议修正的《中华人民共和国刑事诉讼法》第 56 条规定：

被取保候审的犯罪嫌疑人、被告人应当遵守以下规定：

（一）未经执行机关批准不得离开所居住的市、县；

（二）在传讯的时候及时到案；

（三）不得以任何形式干扰证人作证；

（四）不得毁灭、伪造证据或者串供。

被取保候审的犯罪嫌疑人、被告人违反前述规定，已交纳保证金的，没收保证金，并且区别情形，责令犯罪嫌疑人、被告人具结悔过，重新交纳保证金、提出保证人或者监视居住、予以逮捕。犯罪嫌疑人、被告人在取保候审期间未违反前述规定的，取保候审结束的时候，应当退还保证金。

最高人民法院、最高人民检察院、公安部、国家安全部 1999 年 8 月 4 日以公通字〔1999〕59 号联合发布的《关于取保候审若干问题的规定》规定：

执行机关在执行取保候审时，应当告知被取保候审人必须遵守《刑事诉讼法》第五十六条的上述规定及其违反规定，或者在取保候审期间重新犯罪应当承担的后果。

36. 被取保候审人没有违反《刑事诉讼法》的规定，但在取保候审期间涉嫌重新犯罪被司法机关立案侦查的，应如何处理？

最高人民法院、最高人民检察院、公安部、国家安全部 1999 年 8 月 4 日以公通字〔1999〕59 号联合发布的《关于取保候审若干问题的规定》规定：

被取保候审人没有违反刑事诉讼法第五十六条的上述规定，但在取保候审期间涉嫌重新犯罪被司法机关立案侦查的，执行机关应当暂扣其交纳的保证金，待人民法院判决生效后，决定是否没收保证金。对故意重新犯罪的，应当没收保证金，对过失重新犯罪或者不构成犯罪的，应当退还保证金。

决定机关收到执行机关已没收保证金的书面通知，或者变更强制措施的意见后，应当在五日内作出变更强制措施或者责令犯罪嫌疑人重新交纳保证金、提出保证人的决定，并通知执行机关。

决定重新交纳保证金的程序，适用最高人民法院、最高人民检察院、公安部、国家安全部《关于取保候审若干问题的规定》的有关规定。

37. 取保候审即将到期的，侦查机关应当如何处理？

最高人民法院、最高人民检察院、公安部、国家安全部1999年8月4日以公通字〔1999〕59号联合发布的《关于取保候审若干问题的规定》规定：

取保候审即将到期的，执行机关应当在期限届满十五日前书面通知决定机关，由决定机关作出解除取保候审或者变更强制措施的决定，并于期限届满前书面通知执行机关。

执行机关收到决定机关的《解除取保候审决定书》或者变更强制措施的通知后，应当立即执行，并将执行情况及时通知决定机关。

38. 被取保候审人在取保候审期间没有违反《刑事诉讼法》的规定，也没有故意重新犯罪的，如何办理？

最高人民法院、最高人民检察院、公安部、国家安全部1999年8月4日以公通字〔1999〕59号联合发布的《关于取保候审若干问题的规定》规定：

被取保候审人在取保候审期间没有违反刑事诉讼法第五十六条的规定，也没有故意重新犯罪的，在解除取保候审、变更强制措施或者执行刑罚的同时，县级以上执行机关应当制作《退还保证金决定书》，通知银行如数退还保证金，并书面通知决定机关。

执行机关应当及时向被取保候审人宣布退还保证金的决定，并书面通知其到银行领取退还的保证金。

39. 在侦查或审查起诉阶段已经采取取保候审的，案件移送至审查起诉或者审判阶段时，受案机关决定继续取保候审的，应当如何办理？

最高人民法院、最高人民检察院、公安部、国家安全部1999年8月4日以公通字〔1999〕59号联合发布的《关于取保候审若干问题的规定》规定：

在侦查或者审查起诉阶段已经采取取保候审的，案件移送至审查起诉或者审判阶段时，如果需要继续取保候审，或者需要变更保证方式或强制措施的，受案机关应当在七日内作出决定，并通知执行机关和移送案件的机关。

受案机关决定继续取保候审的，应当重新作出取保候审决定。对继续采取保证金方式取保候审的，原则上不变更保证金数额，不再重新收取保证金。

取保候审期限即将届满，受案机关仍未作出继续取保候审、变更保证方式或者变更强制措施决定的，执行机关应当在期限届满十五日前书面通知受案机关。受案机关应当在原取保候审期限届满前作出决定，并通知执行机关和移送案件的机关。

原决定机关收到受案机关作出的变更强制措施决定后，应当立即解除原取保候审，并将《解除取保候审决定书》《解除取保候审通知书》送达执行机关，执行机关应当及时书面通知被取保候审人、保证人受案机关作出继续取保候审或者变更保证方式的决定，原取保候审自动解除，不再办理解除手续。

40. 犯罪嫌疑人被羁押的案件，不能在规定的期限内办结，需要继续查证、审理的，应如何办理？

1996 年 3 月 17 日第八届全国人民代表大会第四次会议修正的《中华人民共和国刑事诉讼法》规定：

犯罪嫌疑人、被告人被羁押的案件，不能在本法规定的侦查羁押、审查起诉、一审、二审期限内办结，需要继续查证、审理的，对犯罪嫌疑人、被告人可以取保候审或者监视居住。

41. 侦查机关决定对犯罪嫌疑人取保候审时，应如何办理？

公安部 1997 年 1 月 15 日以公通字〔1997〕5 号向各省、自治区、直辖市公安厅、局印发的《关于取保候审保证金的规定》规定：

公安机关决定对犯罪嫌疑人取保候审时，可以根据案件情况，责令其交纳一定数额的保证金。

犯罪嫌疑人为盲、聋、哑人或者未成年人的，公安机关可以责令其法定代理人交纳保证金。

犯罪嫌疑人为单位的，公安机关对其直接责任人员或者直接负责的主管人员决定取保候审时，可以责令该单位交纳保证金。

责令犯罪嫌疑人交纳保证金，应当以能够约束被取保候审的犯罪嫌疑人不妨碍、不逃避刑事诉讼活动为原则。

责令犯罪嫌疑人交纳保证金的，应当经过严格审核后，报县以上公安机关负责人批准。责令犯罪嫌疑人交纳较高数额保证金的，应当经地、市以上公安机关负责人批准。

42. 侦查机关对哪些犯罪嫌疑人，不得采用取保候审？

《公安机关办理刑事案件程序规定》第 78 条规定：

对累犯，犯罪集团的主犯，以自伤、自残办法逃避侦查的犯罪嫌疑人，严重暴力犯罪以及其他严重犯罪的犯罪嫌疑人不得取保候审，但犯罪嫌疑人具有本规定第七十七条第一款第三项、第四项规定情形的除外。

43. 侦查机关需要对犯罪嫌疑人取保候审的，应当制作哪些文书？

《公安机关办理刑事案件程序规定》规定：

第 79 条：需要对犯罪嫌疑人取保候审的，应当制作呈请取保候审报告书，说明取保候审的理由、采取的保证方式以及应当遵守的规定，经县级以上公安机关负责人批准，制作取保候审决定书。取保候审决定书应当向犯罪嫌疑人宣读，由犯罪嫌疑人签名、捺指印。

第 80 条：公安机关决定对犯罪嫌疑人取保候审的，应当责令犯罪嫌疑人提出保证人或者交纳保证金。

对同一犯罪嫌疑人，不得同时责令其提出保证人和交纳保证金。

44. 符合取保候审条件的犯罪嫌疑人既不交纳保证金，又无保证人担保的，可否监视居住？

《公安机关办理刑事案件程序规定》第 105 条第 3 款规定：

对于符合取保候审条件，但犯罪嫌疑人不能提出保证人，也不交纳保证金的，可以监视居住。

45. 犯罪嫌疑人在取保候审期间违反有关规定的，侦查机关应如何办理？

《公安机关办理刑事案件程序规定》第 92 条规定：

被取保候审人在取保候审期间违反本规定第八十五条、第八十六条规定，已交纳保证金的，公安机关应当根据其违反规定的情节，决定没收部分或者全部保证金，并且区别情形，责令其具结悔过、重新交纳保证金、提出保证人，变更强制措施或者给予治安管理处罚；需要予以逮捕的，可以对其先行拘留。

犯罪嫌疑人在取保候审期间违反有关规定的，公安机关应当根据其违法行为的情节，决定没收部分或者全部保证金，并且区别情形，责令其具结悔过、重新交纳保证金、提出保证人，或者变更为监视居住，或者提请人民检察院批准予以逮捕。

46. 侦查机关决定取保候审的，应当及时通知哪些机关执行？

《公安机关办理刑事案件程序规定》第 87 条规定：

公安机关决定取保候审的，应当及时通知被取保候审人居住地的派出所执行。必要时，办案部门可以协助执行。

47. 侦查机关在取保候审期间可否中断对案件的侦查？

《公安机关办理刑事案件程序规定》第 103 条规定：

公安机关在取保候审期间不得中断对案件的侦查，对取保候审的犯罪嫌疑人，根据案情变化，应当及时变更强制措施或者解除取保候审。

取保候审最长不得超过十二个月。

48. 需要解除取保候审的，由哪些机关制作解除取保候审决定书、通知书？

《公安机关办理刑事案件程序规定》第 104 条规定：

需要解除取保候审的，由决定取保候审的机关制作解除取保候审决定书、通知书，送达负责执行的公安机关。负责执行的公安机关应当根据决定书及时解除取保候审，并通知被取保候审人、保证人和有关单位。

49. 案件在取保候审期间移送审查起诉后，是否需要重新办理取保候审手续或者变更强制措施？

《公安机关办理刑事案件程序规定》第 160 条规定：

案件在取保候审、监视居住期间移送审查起诉后，人民检察院决定重新取保候审、监视居住或者变更强制措施的，对原强制措施不再办理解除法律手续。

案件在取保候审、监视居住期间移送审查起诉后，是否需要重新办理取保候审、监视居住手续或者变更强制措施，由人民检察院决定。人民检察院决定重新取保候审、监视居住或者变更强制措施的，公安机关应当办理解除原强制措施手续。

50. 侦查机关应按哪些规定办理取保候、收取保证金？

保证金，是指公安机关对符合刑事诉讼法规定取保候审条件的犯罪嫌疑人决定取保候审时，责令犯罪嫌疑人为保证其不妨碍、不逃避刑事诉讼活动而交纳的一定数额的现金。

公安部 1997 年 1 月 15 日以公通字〔1997〕5 号向各省、自治区、直辖市公安厅、局印发的《关于取保候审保证金的规定》规定公安机关应当严格按照刑事诉讼法和公安部《关于取保候审保证金的规定》办理取保候审、收取保证金。

51. 侦查机关如何贯彻执行《关于取保候审保证金的规定》？

公安部 1997 年 1 月 15 日以公通字〔1997〕5 号向各省、自治区、直辖市公安厅、局发布的《印发〈关于取保候审保证金的规定〉的通知》规定：

为贯彻实施新的刑事诉讼法，正确、有效地运用取保候审措施，保障刑事侦查活动的顺利进行，保护公民的合法权益，公安部制定了《关于取保候审保证金的规定》（以下简称《规定》），现印发给你们，并通知如下：

一、掌握《规定》的各项内容，严格依法办理。各级公安机关要组织民警特别是办理刑事案件的民警，熟悉并掌握《规定》的各项内容，明确公安机关收取取保候审保证金的目的。在执行《规定》时，既要正确运用取保候审措施，保障刑事诉讼活动的顺利进行，又要保护公民的合法权益，坚决杜绝以钱赎罪、放纵犯罪嫌疑人的现象发生。

二、根据案件的不同情况，合理使用保证金和保证人两种保证形式，并确定保证金数额。公安机关决定对犯罪嫌疑人采取取保候审时，必须严格按照刑事诉讼法规定的条件、范围、对象从严掌握，对严重暴力犯罪、团伙犯罪的主犯、惯犯、累犯以及其他罪行严重、民愤大的犯罪嫌疑人，不应采用取保候审。对符合取保候审条件的犯罪嫌疑人，应当根据案情责令其提出保证人或者交纳保证金。对同一犯罪嫌疑人不能同时适用保证人担保和保证金担保，对符合取保候审条件的犯罪嫌疑人，如不愿找保证人或者提出的保证人不符合法定条件，又无力交纳保证金的，应当采取监视居住措施。各省、自治区、直辖市公安厅、局应当根据不同类型案件的性质、社会危害性，结合当地的经济发展水平，在规定的幅度内，确定本地区收取保证金的数额标准，以及需经地、市以上公安机关审批的数额标准。

三、严格管理保证金。为了避免保证金被截留、坐支、挪用、侵吞，切实保护公民合法权益，根据“罚收分离”的原则，保证金应当归口、统一管理，办案部门与保证金的管理部门应当分开，保证金由各级公安机关指定的银行收取并保管。公安机关与银行的衔接问题，由各地县以上公安机关与当地银行协商。

四、没收保证金应当严格依法进行。犯罪嫌疑人在取保候审期间违反刑事诉讼法第五十六条规定的，公安机关应当根据情况，决定没收保证金的一部分或者全部。对一般违反规定的，可以责令改正或者没收保证金的一部分；属于严重违反规定，妨碍刑事诉讼活动顺利进行的，可以将保证金全部没收。各级公安机关要严格执行没收保证金的审核批准程序，切实保障犯罪嫌疑人要求复议的权利，防止随意没收保证金。公安机关决定没收保证金后，应当通知银行将没收的保证金上交国库，公安机关及其人民警察不得截留、坐支、挪用或者以其他任何方式侵吞保证金。

52. 取保候审保证金的数额，应如何确定？

公安部1997年1月15日以公通字〔1997〕5号向各省、内治区、直辖市公安厅、局印发的《关于取保候审保证金的规定》规定：

保证金的数额，应当根据当地的经济发展水平、犯罪嫌疑人的经济状况以及案件的性质、情节、社会危害性以及可能判处刑罚的轻重等情况，综合考虑确定。

各省、自治区、直辖市公安厅、局应当根据不同类型案件的性质、社会危害性，结合当地的经济发展水平，确定本地区收取保证金的数额标准，需经地、市以上公安机关审批的数额标准。其中，对经济犯罪、侵犯财产犯罪或者其他造成财产损失的犯罪，可以按涉案数额或者直接财产损失数额的一至三倍确定收取保证金的数额标准；对其他刑事犯罪，根据案件的不同情况，保证金的数额标准可以确定在2000元以上50000元以下。

53. 保证金是否须在侦查机关决定取保候审时一次性交纳？

公安部1997年1月15日以公通字〔1997〕5号向各省、自治区、直辖市公安厅、局印发的《关于取保候审保证金的规定》规定：

保证金必须在公安机关决定取保候审时一次性交纳。保证金由犯罪嫌疑人或者其家属、法定代理人或者单位向公安机关指定的银行专户交纳。

54. 犯罪嫌疑人在取保候审期间违反规定，侦查机关决定没收保证金的，应如何办理？

公安部1997年1月15日以公通字〔1997〕5号向各省、自治区、直辖市公安厅、局印发的《关于取保候审保证金的规定》规定：

犯罪嫌疑人在取保候审期间违反刑事诉讼法第五十六条的规定的，公安机关应当根据其违法行为的情节，决定没收保证金的一部分或者全部，并且区别情形，责令其具结悔过、重新交纳保证金、提出保证人，或者变更为监视居住、提请人民检察院予以逮捕。

决定没收保证金的，应当经过严格审核后，报县以上公安机关负责人批准，签发《没收保证金决定书》。决定没收保证金数额的审批权限，与决定责令犯罪嫌疑人交纳保证金数额的审批权限相同。

55. 犯罪嫌疑人在逃的，侦查机关应如何办理没收保证金手续？

公安部1997年1月15日以公通字〔1997〕5号向各省、自治区、直辖市公安厅、局印发的《关于取保候审保证金的规定》规定：

没收保证金的决定，公安机关应当在七日以内向犯罪嫌疑人宣读，并责令其在《没收保证金决定书》上签字或者盖章。

犯罪嫌疑人在逃的，公安机关应当在七日以内将没收保证金的决定，向犯罪嫌疑人的家属、法定代理人或者单位宣读，并要求其家属、法定代理人或者单位的负责人在《没收保证金决定书》上签字或者盖章。其家属、法定代理人或者单位负责人拒绝签字或者盖章的，公安机关应当在《没收保证金决定书》上注明。

公安机关决定没收犯罪嫌疑人的保证金后，应当及时通知指定银行将没收的保证金，按照国家的有关规定上交国库。

56. 侦查机关如何办理退还保证金手续？

公安部1997年1月15日以公通字〔1997〕5号向各省、自治区、直辖市公安厅、局印发的《关于取保候审保证金的规定》规定：

犯罪嫌疑人在取保候审期间，没有违反刑事诉讼法第五十六条的规定或者具有刑事诉讼法第十五条规定的情形之一的，在解除取保候审的同时，公安机关应当将保证金如数退还给犯罪嫌疑人。

决定退还保证金的，应当经过严格审核后，报县以上公安机关负责人批准，签发《退还保证金决定书》。

公安机关决定退还犯罪嫌疑人的保证金后。应当在解除对犯罪嫌疑人取保候审的同时，通知指定的银行将保证金如数退还给犯罪嫌疑人，并责令犯罪嫌疑人在《退还保证金决定书》上签字或者盖章。

57. 责令犯罪嫌疑人交纳较高数额保证金的，应当经哪些负责人批准？

《公安机关办理刑事案件程序规定》规定：

责令犯罪嫌疑人交纳保证金的，应当经过严格审核后，报县级以上公安机关负责人批准。责令犯罪嫌疑人交纳较高数额保证金的，应当经地（市）级以上公安机关负责人批准。

58. 决定没收较高数额保证金的，应当经过哪些程序？

《公安机关办理刑事案件程序规定》第 93 条规定：

需要没收保证金的，应当经过严格审核后，报县级以上公安机关负责人批准，制作没收保证金决定书。

决定没收五万元以上保证金的，应当经设区的市一级以上公安机关负责人批准。

59. 没收保证金的决定，犯罪嫌疑人或者其家属、法定代理人、单位负责人拒绝签名或者盖章的，侦查机关应如何处理？

《公安机关办理刑事案件程序规定》第 94 条规定：

没收保证金的决定，公安机关应当在三日以内向被取保候审人宣读，并责令其在没收保证金决定书上签名、捺指印；被取保候审人在逃或者具有其他情形不能到场的，应当向其成年家属、法定代理人、辩护人或者单位、居住地的居民委员会、村民委员会宣布，由其成年家属、法定代理人、辩护人或者单位、居住地的居民委员会或者村民委员会的负责人在没收保证金决定书上签名。

被取保候审人或者其成年家属、法定代理人、辩护人、单位、居民委员会、村民委员会负责人拒绝签名的，公安机关应当在没收保证金决定书上注明。

60. 对犯罪嫌疑人对没收保证金决定不服的应如何办理？

《公安机关办理刑事案件程序规定》第 95 条规定：

公安机关在宣读没收保证金决定书时，应当告知如果对没收保证金的决定不服，被取保候审人或者其法定代理人可以在五日以内向作出决定的公安机关申请复议。公安机关应当在收到复议申请后七日以内作出决定。

被取保候审人或者其法定代理人对复议决定不服的，可以在收到复议决定书后五日以内向上一级公安机关申请复核一次。上一级公安机关应当在收到复核申请后七日以内作出决定。对上级公安机关撤销或者变更没收保证金决定的，下级公安机关应当执行。

61. 没收犯罪嫌疑人保证金的决定已过复核期限，侦查机关应如何办理？

《公安机关办理刑事案件程序规定》第 96 条规定：

没收保证金的决定已过复议期限，或者经上级公安机关复核后维持原决定的，公安机关应当及时通知指定的银行将没收的保证金按照国家的有关规定上缴国库，并在三日以内通知决定取保候审的机关。

62. 取保候审的保证人应履行哪些义务？

1996 年 3 月 17 日第八届全国人民代表大会第四次会议修正的《中华人民共和国刑事诉讼法》规定：

保证人应当履行以下义务：

（一）监督被保证人遵守以下规定：(1) 未经执行机关批准不得离开所居住的市、县；(2) 在传讯的时候及时到案；(3) 不得以任何形式干扰证人作证；(4) 不得毁灭、伪造证据或者串供。

（二）发现被保证人可能发生或者已经发生违反第（一）项规定的行为的，应当及时向执行机关报告。

被保证人有违反上述第（一）项规定的行为，保证人未及时报告的，对保证人处以罚款，构成犯罪的，依法追究刑事责任。

63. 采取保证人保证的，保证人必须符合哪些条件？

《公安机关办理刑事案件程序规定》第 81 条规定：

采取保证人保证的，保证人必须符合以下条件，并经公安机关审查同意：

（一）与本案无牵连；

（二）有能力履行保证义务；

（三）享有政治权利，人身自由未受到限制；

（四）有固定的住处和收入。

64. 被保证人违反应当遵守的规定，保证人未及时报告的，侦查机关对保证人如何追究法律责任？

《公安机关办理刑事案件程序规定》规定：

保证人应当填写《保证书》，并在《保证书》上签名或者盖章。被保证人违反应当遵守的规定，保证人未及时报告的，公安机关查证属实后，经县级以上公安机关负责人批准，签发《对保证人罚款决定书》，对保证人处以罚款；构成犯罪的，依法追究刑事责任。

65. 对犯罪嫌疑人采取保证人保证的，如果保证人在取保候审期间情况发生变化的，如何办理？

《公安机关办理刑事案件程序规定》第 102 条第 1 款规定：

对于犯罪嫌疑人采取保证人保证的，如果保证人在取保候审期间情况发生变化，不愿继续担保或者丧失担保条件，应当责令被取保候审人重新提出保证人或者交纳保证金，或者作出变更强制措施的决定。

66. 监视居住的执行地点如何确定？

最高人民检察院 1996 年 12 月 31 日发布的《关于检察机关侦查工作贯彻刑诉法若干问题的意见》规定：

监视居住是一种非关押的强制措施。修改后的刑诉法对监视居住的地点、适用范围、被监视居住人应当遵守的规定、违反规定如何处理均作了明确规定，更便于操作。

监视居住的执行地点主要有两种情况，一是被监视居住人在本地的固定住处；二是监视居住人在本地没有固定住处的，检察机关为其指定的居所。法律所规定的监视居住，不是完全限制被监视居住人的人身自由，只是限制被监视居住人不得离开住处或者指定的居所，对其行动自由加以监视的一种强制措施。这就要求我们，在决定监视居住时就应该考虑如果犯罪嫌疑人有可能逃跑、干扰证人、串供、毁灭或伪造证据等危险性，就不要采用监视居住措施。绝不能允许把监视居住搞成变相羁押。

67. 被监视居住的犯罪嫌疑人应遵守哪些规定？

1998 年 1 月 18 日最高人民检察院公布的《人民检察院刑事诉讼规则》规定：

人民检察院应当向监视居住的犯罪嫌疑人宣读监视居住决定书，由犯罪嫌疑人签名或者盖章，并责令犯罪嫌疑人遵守《刑事诉讼法》第五十七条的以下规定，告知其违反规定应负的法律责任：

（一）未经执行机关批准不得离开住处，无固定住处的，未经批准不得离开指定的居所；

（二）未经执行机关批准不得会见他人；

（三）在传讯的时候及时到案；

（四）不得以任何形式干扰证人作证；

（五）不得毁灭、伪造证据或者串供。

被监视居住的犯罪嫌疑人、被告人违反前述规定，情节严重的，予以逮捕。

68. 侦查机关决定对犯罪嫌疑人监视居住，案件移送人民检察院审查起诉后，对于需要继续监视居住的，期限应当如何计算？

1999 年 1 月 18 日最高人民检察院公布的《人民检察院刑事诉讼规则》规定：

公安机关决定对犯罪嫌疑人监视居住，案件移送人民检察院审查起诉后，对于需要继续监视居住的，人民检察院应当依法对犯罪嫌疑人办理监视居住手续。监视居住的期限应当重新计算并告知犯罪嫌疑人。

在监视居住期间，不得中断对案件的侦查、审查起诉。监视居住期限届满或者发现不应当追究犯罪嫌疑人刑事责任的，应当解除或者撤销监视居住。

69. 侦查机关对哪些犯罪嫌疑人，可以监视居住？

《公安机关办理刑事案件程序规定》第 77 条规定：

公安机关对具有下列情形之一的犯罪嫌疑人，可以取保候审：

（一）可能判处管制、拘役或者独立适用附加刑的；

（二）可能判处有期徒刑以上刑罚，采取取保候审不致发生社会危险性的；

（三）患有严重疾病、生活不能自理，怀孕或者正在哺乳自己婴儿的妇女，采取取保候审不致发生社会危险性的；

（四）羁押期限届满，案件尚未办结，需要继续侦查的。对拘留的犯罪嫌疑人，证据不符合逮捕条件，以及提请逮捕后，人民检察院不批准逮捕，需要继续侦查，并且符合取保候审条件的，可以依法取保候审。

70. 侦查机关应当向被监视居住的犯罪嫌疑人宣布必须遵守哪些规定？

《公安机关办理刑事案件程序规定》第 111 条规定：

公安机关在宣布监视居住决定时，应当告知被监视居住人必须遵守以下规定：

（一）未经执行机关批准不得离开执行监视居住的处所；

（二）未经执行机关批准不得会见他人或者以任何方式通信；

（三）在传讯的时候及时到案；

（四）不得以任何形式干扰证人作证；

（五）不得毁灭、伪造证据或者串供；

（六）将护照等出入境证件、身份证件、驾驶证件交执行机关保存。

71. 侦查机关可否建立专门的监视居住场所？

固定住所，是指犯罪嫌疑人在办案机关所在的市、县内生活的合法住处；指定的居所，是指公安机关根据案件情况，在办案机关所在的市、县内为犯罪嫌疑人指定的生活居所。

公安机关不得建立专门的监视居住场所，对犯罪嫌疑人变相羁押。不得在看守所、行政拘留所、留置室或者公安机关其他工作场所执行监视居住。

72. 在监视居住期间，侦查机关可否中断对案件的侦查？

《公安机关办理刑事案件程序规定》第 118 条规定：

在监视居住期间，公安机关不得中断案件的侦查，对被监视居住的犯罪嫌疑人，应当根据案情变化，及时解除监视居住或者变更强制措施。

73. 执行逮捕、拘留机关应如何作出扣押邮件记录？

最高人民检察院、公安部、邮电部 1979 年 4 月 5 日联合发布的《执行逮捕、拘留的机关扣押被逮捕、拘留人犯的邮件、电报暂行办法》规定：

执行逮捕、拘留机关应在每次执行扣押邮件、电报时，作出扣押记录一式两份，并由执行逮捕、拘留机关的执行人和邮电机关的代表共同在记录上签字，正份当作法律文件装在侦查（包括预审）卷宗内，副份交邮电机关归档。

74. 检察机关审查逮捕工作的指导思想是什么？

最高人民检察院于 1996 年 12 月 31 日发布的《关于审查逮捕和公诉工作贯彻刑诉法若干问题的意见》规定：

修改后的刑事诉讼法调整了逮捕条件。审查逮捕工作要全面、准确地把握调整后的逮捕条件，坚持严格把关、准确适用的指导思想，依法严格适用逮捕，可捕可不捕的不捕，严把逮捕关，避免错捕和漏捕。同时，加强对批捕与不批捕决定执行情况的跟踪监督及对侦查活动的监督，以保证检察机关侦查监督职能的实现和刑事诉讼的正常进行。

75. 检察机关如何正确理解和掌握逮捕条件，保证办案质量？

2012 年 3 月 14 日第十一届全国人民代表大会第五次会议通过，2012 年 3 月 14 日发布的《中华人民共和国刑事诉讼法》第 79 条规定：

对有证据证明有犯罪事实，可能判处徒刑以上刑罚的犯罪嫌疑人、被告人，采取取保候审尚不足以防止发生下列社会危险性的，应当予以逮捕：

（一）可能实施新的犯罪的；

（二）有危害国家安全、公共安全或者社会秩序的现实危险的；

（三）可能毁灭、伪造证据，干扰证人作证或者串供的；

（四）可能对被害人、举报人、控告人实施打击报复的；

（五）企图自杀或者逃跑的。

对有证据证明有犯罪事实，可能判处十年有期徒刑以上刑罚的，或者有证据证明有犯罪事实，可能判处徒刑以上刑罚，曾经故意犯罪或者身份不明的，应当予以逮捕。

被取保候审、监视居住的犯罪嫌疑人、被告人违反取保候审、监视居住规定，情节严重的，可以予以逮捕。

最高人民检察院《关于审查逮捕和公诉工作贯彻刑诉法若干问题的意见》及刑事诉讼法明确逮捕应具备三个条件：

一是有证据证明有犯罪事实；二是犯罪嫌疑人、被告人可能被判处徒刑以上的刑罚；三是采取取保候审、监视居住等方法，尚不足以防止发生社会危险性，而有逮捕必要的。以上三个条件，必须同时具备，全面把握。

76. 在审查逮捕工作中，“有证据证明有犯罪事实”应当符合哪些条件？

最高人民检察院 1996 年 12 月 31 日发布的《关于审查逮捕和公诉工作贯彻刑诉法若干问题的意见》规定：

“有证据证明有犯罪事实”应当符合以下条件：

（一）有证据证明发生了犯罪行为；

（二）有证据证明该犯罪行为是犯罪嫌疑人、被告人实施的；

（三）证据必须确实。

在审查逮捕工作中，应高度重视证据，把好证据关。不能因为逮捕条件的变化而放松对证据的审查，甚至于在审查批捕、决定逮捕时降低标准，宽于审查，导致错捕、滥捕，影响执法的严肃性。据以定案的证据必须查证属实，不能是孤证。间接证据必须形成链条，排除其他可能性。要强调证据的证明力，严把逮捕关。“有证据证明有犯罪事实”所指的“犯罪事实”，既可以是单一犯罪行为的事实，也可以是数个犯罪行为中任何一个犯罪行为的事实。对实施多个犯罪行为的犯罪嫌疑人，有证据证明犯有数罪中的一罪的，或有证据证明实施多次犯罪中的一次犯罪的，只要符合逮捕的其他条件，应当批准或决定逮捕。对共同犯罪中已有证据证明有犯罪事实的成员或者已有证据证明有犯罪事实，但不讲真实姓名、住址的犯罪嫌疑人，只要符合逮捕的其他条件，应当批准或者决定逮捕。

77. 对共同走私犯罪案件，一案涉及提请，逮捕多名犯罪嫌疑人的，能否只制作一份《提请批准逮捕书》？

对共同犯罪的案件，一案涉及提请逮捕多名犯罪嫌疑人的，可以制作一份《提请批准逮捕书》。在《提请批准逮捕书》中叙述犯罪嫌疑人基本情况时，可按犯罪嫌疑人在犯罪过程中的地位、作用（主犯、从犯、协从犯）排列。对涉案的其他犯罪嫌疑人已采取其他强制措施、另案处理或在逃的，应当在《提请批准逮捕书》中注明。

78. 如何办理对不批准逮捕案件的复议、复核？

最高人民检察院 1996 年 12 月 31 日发布的《关于审查逮捕和公诉工作贯彻刑诉法若干问题的意见》规定：

对不批准逮捕案件的复议、复核，是公、检、法机关互相制约的体现。对公安机关要求或提请复议、复核的不批准逮捕案件，人民检察院要认真对待，更换承办人审查，经检察长或检察委员会讨论决定。

要及时作出是否变更的决定。复议的审查时间为七日，复核的审查时间为十五日。

如果需要改变原决定，应当撤销原决定或通知作出不批准逮捕决定的人民检察院撤销原决定，另行制作批准逮捕决定书，必要时，上一级人民检察院可以直接作出批准逮捕决定，通知下级人民检察院送达公安机关执行。

79. 对提请逮捕的案件，检察机关可否侦查？

最高人民检察院 1998 年 5 月 12 日以高检发释字〔1998〕2 号向海南省人民检察院作出的《关于对报请批准逮捕的案件可否侦查问题的批复》规定：

你院琼检发刑捕字〔1998〕1 号《关于执行〈关于刑事诉讼法实施中若干问题的规定〉有关问题的请示》收悉。经研究，批复如下：

人民检察院审查公安机关提请逮捕的案件，经审查，应当作出批准或者不批准逮捕的决定，对报请批准逮捕的案件不另行侦查。人民检察院在审查批捕中如果认为报请批准逮捕的证据存有疑问的，可以复核有关证据，讯问犯罪嫌疑人、询问证人，以保证批捕案件的质量，防止错捕或漏捕。

80. 在执行逮捕的时候，遇有哪些情况，不另用搜查证也可以进行搜查？

2012 年 3 月 14 日第十一届全国人民代表大会第五次会议通过，2012 年 3 月 14 日发布的《中华人民共和国刑事诉讼法》规定：

进行搜查，必须向被控查人出示搜查证。在执行逮捕的时候，遇有紧急情况，不另用搜查证也可以进行搜查。

1999 年 1 月 18 日最高人民检察院公布的《人民检察院刑事诉讼规则》规定：

在执行逮捕的时候，遇有紧急情况，不另用搜查证也可以进行搜查。但搜查结束后，搜查人员应当及时向检察长报告，及时补办有关手续。

《公安机关办理刑事案件程序规定》第 219 条规定：

执行拘留、逮捕的时候，遇有下列紧急情况之一的，不用搜查证也可以进行搜查：

（一）可能随身携带凶器的；

（二）可能隐藏爆炸、剧毒等危险物品的；

（三）可能隐匿、毁弃、转移犯罪证据的；

（四）可能隐匿其他犯罪嫌疑人的；

（五）其他突然发生的紧急情况。

81. 对侦查机关提请批准逮捕的犯罪嫌疑人，具有哪些情形，人民检察院应作出不批准逮捕决定？

1999年1月18日最高人民检察院公布的《人民检察院刑事诉讼规则》规定：

对公安机关提请批准逮捕的犯罪嫌疑人，具有以下规定情形，人民检察院作出不批准逮捕决定的，应当说明理由，连同案卷材料送达公安机关执行。需要补充侦查的，应当同时通知公安机关：

（一）对具有下列情形之一的犯罪嫌疑人，人民检察院应当作出不批准逮捕的决定或者不予逮捕：

（1）不符合以下规定的逮捕条件的人民检察院对有证据证明有犯罪事实，可能判处徒刑以上刑罚的犯罪嫌疑人，采取取保候审、监视居住等方法，尚不足以防止发生社会危险性，而有逮捕必要的，应当批准或者决定逮捕。"有证据证明有犯罪事实"是指同时具备下列情形：①有证据证明发生了犯罪事实；②有证据证明该犯罪事实是犯罪嫌疑人实施的；③证明犯罪嫌疑人实施犯罪行为的证据已有查证属实的。"犯罪事实"既可以是单一犯罪行为的事实，也可以是数个犯罪行为中任何一个犯罪行为的事实。

对实施多个犯罪行为或者共同犯罪案件的犯罪嫌疑人，符合人民检察院刑事诉讼规则第八十六条的规定，具有下列情形之一的，应当批准或者决定逮捕：①有证据证明犯有数罪中的一罪的；②有证据证明实施多次犯罪中的一次犯罪的；③共同犯罪中，已有证据证明有犯罪事实的犯罪嫌疑人。

（2）具有刑事诉讼法第十五条规定的以下情形之一的：①情节显著轻微、危害不大，不认为是犯罪的；②犯罪已过追诉时效期限的；③经特赦令免除刑罚的；④依照刑法告诉才处理的犯罪，没有告诉或者撤回告诉的；⑤犯罪嫌疑人、被告人死亡的；⑥其他法律规定免予追究刑事责任的。

（二）对应当逮捕的犯罪嫌疑人，如果患有严重疾病，或者是正在怀孕、哺乳自己婴儿的妇女，人民检察院可以作出不批准逮捕的决定或者不予逮捕。

82. 对侦查机关提请上一级人民检察院复核的不批准逮捕的案件，上一级人民检察院应当如何作出决定？

1999年1月18日最高人民检察院公布的《人民检察院刑事诉讼规则》规定：

对公安机关提请上一级人民检察院复核的不批准逮捕的案件，上一级人民检察院应当在收到提请复核意见书和案卷材料后的十五日以内由检察长或者检察委员会作出是否变更的决定，通知下级人民检察院和公安机关执行。如果需要改变原决定，应当通知作出不批准逮捕决定的人民检察院撤销原决定，另行制作批准逮捕决定书。必要时，上级人民检察院也可以直接作出批准逮捕决定，通知下级人民检察院送达公安机关执行。

对不批准逮捕案件的复核，由人民检察院审查逮捕部门办理。

83. 逮捕后应在多长时间内进行讯问？

2012年3月14日第十一届全国人民代表大会第五次会议通过，2012年3月14日发布的《中华人民共和国刑事诉讼法》规定：

人民法院、人民检察院对于各自决定逮捕的人，公安机关对于经人民检察院批准逮捕的人，都必须在逮捕后的二十四小时以内进行讯问。在发现不应当逮捕的时候，必须立即释放，发给释放证明。

84. 对于被拘留的犯罪嫌疑人，经过审查认为需要逮捕的，应如何处理？

《公安机关办理刑事案件程序规定》第125条第1款规定：

对被拘留的犯罪嫌疑人，经过审查认为需要逮捕的，应当在拘留后的三日以内，提请人民检察院审查批准。在特殊情况下，经县级以上公安机关负责人批准，提请审查批准逮捕的时间可以延长一日至四日。

85. 对哪些重大嫌疑分子，提请审查批准逮捕的时间可以延长至30日？

《公安机关办理刑事案件程序规定》第125条第2款、第3款规定：

对流窜作案、多次作案、结伙作案的重大嫌疑分子，经县级以上公安机关负责人批准，提请审查批准逮捕的时间可以延长至三十日。

本条规定的“流窜作案”是指跨市、县管辖范围连续作案，或者在居住地作案后逃跑到外市、县继续作案；“多次作案”是指三次以上作案；“结伙作案”是指二人以上共同作案。

86. 对犯罪嫌疑人执行逮捕后，有哪些情形的，可以不予通知被逮捕人家属或单位？

《公安机关办理刑事案件程序规定》第 141 条规定：

第 141 条：对犯罪嫌疑人执行逮捕后，除无法通知的情形以外，应当在逮捕后二十四小时以内，制作逮捕通知书，通知被逮捕人的家属。逮捕通知书应当写明逮捕原因和羁押处所。

本条规定的“无法通知”的情形适用本规定第一百零九条第二款的规定。

无法通知的情形消除后，应当立即通知被逮捕人的家属。

对于没有在二十四小时以内通知家属的，应当在逮捕通知书中注明原因。

第 109 条第 2 款：有下列情形之一的，属于本条规定的“无法通知”：

（一）不讲真实姓名、住址、身份不明的；

（二）没有家属的；

（三）提供的家属联系方式无法取得联系的；

（四）因自然灾害等不可抗力导致无法通知的。

87. 异地执行逮捕的，侦查人员应持哪些证件？

异地执行拘留、逮捕的，执行人员应当持《拘留证》《逮捕证》、办案协作函件和工作证件，与协作地县级以上公安机关联系，协作地公安机关应派员协助执行。

88. 侦查机关提请批准逮捕书，有哪些要求？

2012 年 3 月 14 日第十一届全国人民代表大会第五次会议通过，2012 年 3

月 14 日发布的《中华人民共和国刑事诉讼法》规定：

公安机关提请批准逮捕书、人民检察院起诉书、人民法院判决书，必须忠实于事实真相。故意隐瞒事实真相的，应当追究责任。

89. 侦查机关要求逮捕犯罪嫌疑人的，应办理哪些手续？

2012 年 3 月 14 日第十一届全国人民代表大会第五次会议通过，2012 年 3 月 14 日发布的《中华人民共和国刑事诉讼法》规定：

公安机关要求逮捕犯罪嫌疑人的时候，应当写出提请批准逮捕书，连同案卷材料、证据，一并移送同级人民检察院审查批准。必要的时候，人民检察院可以派人参加公安机关对于重大案件的讨论。

公安机关提请批准逮捕书、人民检察院起诉书、人民法院判决书，必须忠实于事实真相。故意隐瞒事实真相的，应当追究责任。

90. 被监视居住的犯罪嫌疑人有哪些情形的，侦查机关应当提请批准逮捕？

被监视居住人违反监视居住规定，具有下列情形之一的，可以提请批准逮捕：

（一）涉嫌故意实施新的犯罪行为的；

（二）实施毁灭、伪造证据或者干扰证人作证、串供行为，足以影响侦查工作正常进行的；

（三）对被害人、举报人、控告人实施打击报复的；

（四）企图自杀、逃跑，逃避侦查的；

（五）未经批准，擅自离开执行监视居住的处所，情节严重的，或者两次以上未经批准，擅自离开执行监视居住的处所的；

（六）未经批准，擅自会见他人或者通信，情节严重的，或者两次以上未经批准，擅自会见他人或者通信的；

（七）经传讯无正当理由不到案，情节严重的，或者经两次以上传讯不到案的。

91. 需要提请批准逮捕犯罪嫌疑人的，应经哪级侦查机关负责人批准？

《公安机关办理刑事案件程序规定》第 133 条规定：

需要提请批准逮捕犯罪嫌疑人的，应当经县级以上公安机关负责人批准，制作提请批准逮捕书，连同案卷材料、证据，一并移送同级人民检察院审查批准。

92. 对人民检察院不批准逮捕而未说明理由的，侦查机关如何处理？

《公安机关办理刑事案件程序规定》第 135 条规定：

对于人民检察院不批准逮捕而未说明理由的，公安机关可以要求人民检察院说明理由。

93. 对于人民检察院决定不批准逮捕的，侦查机关在收到《不批准逮捕决定》后，如果犯罪嫌疑人已被拘留，应如何办理？

《公安机关办理刑事案件程序规定》第 136 条规定：

对于人民检察院决定不批准逮捕的，公安机关在收到不批准逮捕决定书后，如果犯罪嫌疑人已被拘留的，应当立即释放，发给释放证明书，并将执行回执送达作出不批准逮捕决定的人民检察院。

94. 侦察机关对人民检察院不批准逮捕的决定，认为有错误需要复议的，应如何办理？

《公安机关办理刑事案件程序规定》第 137 条规定：

对人民检察院不批准逮捕的决定，认为有错误需要复议的，应当在收到不批准逮捕决定书后五日以内制作要求复议意见书，报经县级以上公安机关负责人批准后，送交同级人民检察院复议。

如果意见不被接受，认为需要复核的，应当在收到人民检察院的复议决定书后五日以内制作提请复核意见书，报经县级以上公安机关负责人批准后，连同人民检察院的复议决定书，一并提请上一级人民检察院复核。

95. 接到人民检察院《批准逮捕决定书》后侦查机关应如何执行？

《公安机关办理刑事案件程序规定》第138条规定：

接到人民检察院批准逮捕决定书后，应当由县级以上公安机关负责人签发逮捕证，立即执行，并将执行回执送达作出批准逮捕决定的人民检察院。如果未能执行，也应当将回执送达人民检察院，并写明未能执行的原因。

96. 侦查机关执行逮捕时，须符合哪些要求？

《公安机关办理刑事案件程序规定》第139条规定：

执行逮捕时，必须出示逮捕证，并责令被逮捕人在逮捕证上签名、捺指印，拒绝签名、捺指印的，侦查人员应当注明。逮捕后，应当立即将被逮捕人送看守所羁押。

执行逮捕的侦查人员不得少于二人。

97. 侦查机关对被逮捕的人，发现不应当逮捕的，应如何办理？

《公安机关办理刑事案件程序规定》第140条规定：

对被逮捕的人，必须在逮捕后的二十四小时以内进行讯问。发现不应当逮捕的，经县级以上公安机关负责人批准，制作释放通知书，送看守所和原批准逮捕的人民检察院。看守所凭释放通知书立即释放被逮捕人，并发给释放证明书。

98. 委托异地侦查机关代为执行逮捕的，应如何办理？

《公安机关办理刑事案件程序规定》第340条规定：

委托异地公安机关代为执行拘留、逮捕的，应当将拘留证、逮捕证、办案协作函件送达协作地公安机关。

已被决定拘留、逮捕的犯罪嫌疑人在逃的，可以通过网上工作平台发布犯罪嫌疑人相关信息、拘留证或者逮捕证。各地公安机关发现网上逃犯的，应当立即组织抓捕。

协作地公安机关抓获犯罪嫌疑人后，应当立即通知委托地公安机关。委托地公安机关应当立即携带法律文书及时提解，提解的侦查人员不得少于二人。

99. 如何掌握对走私犯罪嫌疑人的逮捕条件？

对走私犯罪嫌疑人的审查批捕，应当依照《最高人民法院、最高人民检察院、海关总署关于办理走私刑事案件适用法律若干问题的意见》规定的逮捕的三项条件来办理，具体讲，可参照下列标准掌握：

（一）有证据证明有走私犯罪事实

1. 有证据证明发生了走私犯罪事实

有证据证明发生了走私犯罪事实，须同时满足下列两项条件：

（1）有证据证明发生有违反国家法律、法规，逃避海关监管的行为；

（2）查扣的或者有证据证明的走私货物、物品的数量、价值额或者偷逃税额达到刑法及相关司法解释规定的起刑点的。

2. 有证据证明走私犯罪事实系犯罪嫌疑人实施的

有下列情形之一的，即可认为走私犯罪事实系犯罪嫌疑人实施的：

（1）现场查获犯罪嫌疑人实施走私犯罪的；

（2）视听资料显示犯罪嫌疑人实施走私犯罪的；

（3）犯罪嫌疑人供认的；

（4）有证人证言指证的；

（5）有同案的犯罪嫌疑人供述的；

（6）其他证据能够证明犯罪嫌疑人实施走私犯罪的。

3. 证明犯罪嫌疑人实施走私犯罪行为的证据已有查证属实的

符合下列证据规格要求之一的，属于证明犯罪嫌疑人实施走私犯罪行为的证据已有查证属实的：

（1）现场查获犯罪嫌疑人实施犯罪的，有现场勘查笔录、留置盘问记录、海关扣留查问笔录或者海关查验（检查）记录等证据证实的；

（2）犯罪嫌疑人的供述有其他证据能够印证的；

（3）证人证言能够相互印证的；

（4）证人证言或者同案犯供述能够与其他证据相互印证的；

（5）证明犯罪嫌疑人实施走私犯罪的其他证据已有查证属实的。

（二）可能判处徒刑以上的刑罚是指根据刑法第一百五十一条、第一百五十二条、第一百五十三条、第三百四十七条、第三百五十条等规定和《最高人民法院关于审理走私刑事案件具体应用法律若干问题的解释》等有关司法解释的规定，结合已查明的走私犯罪事实，对走私犯罪嫌疑人可能判处有期徒刑以上的刑罚。

（三）而有逮捕必要的采取取保候审、监视居住等方法，尚不足以防止发生社会危险性主要是指：走私犯罪嫌疑人可能逃跑、自杀、串供、干扰证人作证以及伪造、毁灭证据等妨碍刑事诉讼活动的正常进行的，或者存在行凶报复、继续作案可能的。

100. 人民检察院对于侦查机关提请批准逮捕的案件进行审查后，应作出哪些决定？

2012 年 3 月 14 日第十一届全国人民代表大会第五次会议通过，2012 年 3 月 14 日发布的《中华人民共和国刑事诉讼法》规定：

人民检察院审查批准逮捕犯罪嫌疑人由检察长决定。重大案件应当提交检察委员会讨论决定。

人民检察院对于公安机关提请批准逮捕的案件进行审查后，应当据情况分别作出批准逮捕或者不批准逮捕的决定。对于批准逮捕的决定，公安机关应当立即执行，并且将执行情况及时通知人民检察院。对于不批准逮捕的，人民检察院应当说明理由，需要补充侦查的，应当同时通知公安机关。

101. 人民检察院在审查批准逮捕工作中，如果发现侦查机关的侦查活动有违法情况，应如何纠正？

2012 年 3 月 14 日第十一届全国人民代表大会第五次会议通过，2012 年 3 月 14 日发布的《中华人民共和国刑事诉讼法》规定：

人民检察院在审查批准逮捕工作中，如果发现公安机关的侦查活动有违法情况，应当通知公安机关予以纠正，公安机关应当将纠正情况通知人民检察院。

102. 侦查机关对复杂、疑难和重大案件，羁押期限届满的，应当分别作出哪些处理？

最高人民检察院、最高人民法院、公安部1998年10月19日以高检会〔1998〕1号向各省、自治区、直辖市人民检察院、高级人民法院、公安厅（局），军事检察院，军事法院，总政治部保卫部发布的《关于严格执行刑事诉讼法关于对犯罪嫌疑人、被告人羁押期限的规定，坚决纠正超期羁押问题的通知》规定：

对复杂、疑难和重大案件，羁押期限届满的，应当分别不同情况，采取果断措施依法作出处理：（1）对于流窜作案、多次作案的犯罪嫌疑人、被告人的主要罪行或某一罪行事实清楚，证据确实充分，而其他罪行一时又难以查清的，应当对已查清的主要罪行或某一罪行移送起诉、提起公诉或者进行审判；（2）对于共同犯罪案件中主犯或者从犯在逃，在押犯罪嫌疑人、被告人的犯罪事实清楚，证据确实充分的，应当对在押犯罪嫌疑人、被告人移送起诉、提起公诉或者进行审判；犯罪事实一时难以查清的，应当对在押犯罪嫌疑人、被告人依法变更强制措施；（3）对于司法机关之间有争议的案件通过协调后意见仍不能一致的，办案单位应按照各自的职权在法定期限内依法作出处理。

103. 侦查机关应如何执行对犯罪嫌疑人羁押换押制度？

最高人民检察院、最高人民法院、公安部1998年10月19日以高检会〔1998〕1号向各省、自治区、直辖市人民检察院、高级人民法院、公安厅（局），军事检察院，军事法院，总政治部保卫部发布的《关于严格执行刑事诉讼法关于对犯罪嫌疑人、被告人羁押期限的规定，坚决纠正超期羁押问题的通知》规定：

各级司法机关必须严格执行对犯罪嫌疑人、被告人羁押换押制度。公安机关移送起诉、检察机关向法院提起公诉以及人民法院审理一审、二审案件递次移送时，均应按照有关规定及时对犯罪嫌疑人、被告人办理换押手续。

104. 侦查机关在侦办走私犯罪案件过程中可采取哪些强制措施？

最高人民法院、最高人民检察院、公安部、司法部、海关总署1998年12月3日以署侦〔1998〕742号向各省、自治区、直辖市高级人民法院、人民检察院、公安厅（局）、司法厅（局）、海关总署广东分署、各直属海关联合发布的《关于走私犯罪侦查机关办理走私犯罪案件适用刑事诉讼程序若干问题的通知》规定：

走私犯罪侦查机关在侦办走私犯罪案件过程中，依法采取通缉、边控、搜查、拘留、执行逮捕、监视居住等措施，以及核实走私罪嫌疑人身份和犯罪经历时，需地方公安机关配合的，应通报有关地方公安机关，地方公安机关应予配合。其中在全国范围通缉、边控走私犯罪嫌疑人，请求国际刑警组织或者境外警方协助的，以及追捕走私犯罪嫌疑人需要地方公安机关调动警力的，应层报公安部批准。

走私犯罪侦查机关决定对走私犯罪嫌疑人采取取保候审的，应通知并移送走私犯罪嫌疑人居住地公安机关执行。罪犯因走私罪被人民法院判处剥夺政治权利、管制以及决定暂予监外执行、假释或者宣告缓刑的，由地方公安机关执行。

走私犯罪侦查机关因办案需要使用技术侦察手段时，应严格遵照有关规定，按照审批程序和权限报批后，由有关公安机关实施。

105. 取保候审、监视居住变更为拘留、逮捕的，是否办理解除法律手续？

《公安机关办理刑事案件程序规定》第159条规定：

取保候审变更为监视居住的，取保候审、监视居住变更为拘留、逮捕的，对原强制措施不再办理解除法律手续。

106. 侦查机关依法对乡、民族乡、镇的人大代表采取强制措施的，应履行哪些手续？

《公安机关办理刑事案件程序规定》第163条规定：

公安机关依法对乡、民族乡、镇的人民代表大会代表拘传、取保候审、监视居住、拘留或者执行逮捕的，应当在执行后立即报告其所属的人民代表大会。

107. 侦查机关对政治协商委员会委员执行逮捕，应如何通报？

《公安机关办理刑事案件程序规定》第 165 条规定：

公安机关依法对政治协商委员会委员执行拘留、逮捕前，应当向该委员所属的政协组织通报情况；情况紧急的，可在执行的同时或者执行以后及时通报。

108. 侦查机关依法对政协委员采取强制措施的，应如何办理？

《公安机关办理刑事案件程序规定》第 164 条规定：

公安机关依法对政治协商委员会委员拘传、取保候审、监视居住的，应当将有关情况通报给该委员所属的政协组织。

109. 对异地侦查机关提出协助执行强制措施的协作请求，协作地侦查机关应如何配合？

《公安机关办理刑事案件程序规定》第 335 条规定：

对异地公安机关提出协助调查、执行强制措施等协作请求，只要法律手续完备，协作地公安机关就应当及时无条件予以配合，不得收取任何形式的费用。

110. 侦查机关如果发现对犯罪嫌疑人采取强制措施不当的，应如何办理？

《公安机关办理刑事案件程序规定》第 155 条规定：

公安机关发现对犯罪嫌疑人采取强制措施不当的，应当及时撤销或者变更。犯罪嫌疑人在押的，应当及时释放。公安机关释放被逮捕的人或者变更逮捕措施的，应当通知批准逮捕的人民检察院。

111. 侦查机关需要对被传唤人采取强制措施的，应在什么期间内作出批准或者不批准的决定？

《公安机关办理刑事案件程序规定》第 195 条第 2 款规定：

传唤期限届满，未作出采取其他强制措施决定的，应当立即结束传唤。

112. 犯罪嫌疑人及其近亲属或者犯罪嫌疑委托的律师要求侦查机关解除强制措施的，侦查机关应如何处理？

犯罪嫌疑人及其法定代理人、近亲属或者辩护人对于公安机关采取强制措施法定期限届满的，有权要求公安机关解除强制措施。公安机关应当进行审查，对于情况属实的，应当立即解除或者变更强制措施。

113. 取保候审变更为监视居住的，取保候审、监视居住变更为拘留、逮捕的，对原强制措施需要办理解除法律手续吗？

取保候审变更为监视居住的，取保候审、监视居住变更为拘留、逮捕的，对原强制措施不再办理解除法律手续。

114. 案件在取保候审、监视居住期间移送审查起诉后，人民检察院决定重新取保候审、监视居住或者变更强制措施的，对原强制措施需要办理解除法律手续吗？

案件在取保候审、监视居住期间移送审查起诉后，人民检察院决定重新取保候审、监视居住或者变更强制措施的，对原强制措施不再办理解除法律手续。

115. 犯罪嫌疑人在押的案件，哪些鉴定时间应计入办案期限？

最高人民法院、最高人民检察院、公安部、国家安全部、司法部、全国人大常委会法制工作委员会 2012 年 12 月 26 日联合发布的《关于刑事诉讼法实施中若干问题的规定》规定：

刑事诉讼法第一百四十七条规定："对犯罪嫌疑人作精神病鉴定的期间不计入办案期限。"根据上述规定，犯罪嫌疑人、被告人在押的案件，除对犯罪嫌疑人、被告人的精神病鉴定期间不计入办案期限外，其他鉴定期间都应当计入办案期限。对于因鉴定时间较长，办案期限届满仍不能终结的案件，自期限届满之日起，应当对被羁押的犯罪嫌疑人、被告人变更强制措施，改为取保候审或者监视居住。

116. 刑事诉讼的期间如何计算？

2012 年 3 月 14 日第十一届全国人民代表大会第五次会议通过，2012 年 3 月 14 日发布的《中华人民共和国刑事诉讼法》规定：

期间以时、日、月计算。期间开始的时和日不算在期间以内。法定期间不包括路途上的时间。上诉状或者其他文件在期满前已经交邮的，不算过期。

期间的最后一日为节假日的，以节假日后的第一日为期满日期，但犯罪嫌疑人、被告人或者罪犯在押期间，应当至期满之日为止，不得因节假日而延长。

当事人由于不能抗拒的原因或者有其他正当理由而耽误期限的，在障碍消除后五日以内，可以申请继续进行应当在期满以前完成的诉讼活动。前述申请是否准许，由人民法院裁定。

117. 侦查机关在侦查期间，发现犯罪嫌疑人另有重要罪行，重新计算侦查羁押期限的，应如何办理？

2012 年 3 月 14 日第十一届全国人民代表大会第五次会议通过，2012 年 3 月 14 日发布的《中华人民共和国刑事诉讼法》规定：

在侦查期间，发现犯罪嫌疑人另有重要罪行的，自发现之日起依照刑事诉讼法第一百五十四条的以下规定重新计算侦查羁押期限。

最高人民法院、最高人民检察院、公安部、国家安全部、司法部、全国人大常委会法制工作委员会 2012 年 12 月 26 日联合发布的《关于刑事诉讼法实施中若干问题的规定》规定：

刑事诉讼法第一百五十八条第一款规定："在侦查期间，发现犯罪嫌疑人另有重要罪行的，自发现之日起依照本法第一百五十四条的规定重新计算侦查羁押期限。”公安机关依照上述规定重新计算侦查羁押期限的，不需要经人民检察院批准，但应当报人民检察院备案，人民检察院可以进行监督。

118. 侦查机关需要延长侦查羁押期限的，应当如何办理？

侦查机关需要延长侦查羁押期限的，应当在侦查羁押期限届满七日前，向同级人民检察院移送以下材料：

（一）提请批准延长侦查羁押期限意见书和延长侦查羁押期限案情报告；

（二）立案决定书、逮捕证以及重新计算侦查羁押期限决定书等相关法律文书复印件；

（三）罢免、辞去县级以上人大代表或者报请许可对其采取强制措施手续等文书；

（四）案件的其他情况说明。

119. 退回侦查机关补充侦查的案件，应当在多长期限内补充侦查完毕？

《公安机关办理刑事案件程序规定》第 284 条规定：

侦查终结，移送人民检察院审查起诉的案件，人民检察院退回公安机关补充侦查的，公安机关接到人民检察院退回补充侦查的法律文书后，应当按照补充侦查提纲在一个月以内补充侦查完毕。

补充侦查以二次为限。

120. 哪些案件在规定的期限届满不能侦查可以延长期限？

2012 年 3 月 14 日第十一届全国人民代表大会第五次会议通过，2012 年 3 月 14 日发布的《中华人民共和国刑事诉讼法》规定：

对犯罪嫌疑人逮捕后的侦查羁押期限不得超过二个月。案情复杂、期限届满不能终结的案件，可以经上一级人民检察院批准延长一个月。

下列案件在上述规定的期限届满不能侦查终结的，经省、自治区、直辖市人民检察院批准或者决定，可以延长二个月：

（一）交通十分不便的边远地区的重大复杂案件；

（二）重大的犯罪集团案件；

（三）流窜作案的重大复杂案件；

（四）犯罪涉及面广，取证困难的重大复杂案件。

对犯罪嫌疑人可能判处十年有期徒刑以上刑罚，依照上述规定延长期限届满，仍不能侦查终结的，经省、自治区、直辖市人民检察院批准或者决定，可以再延长二个月。

《公安机关办理刑事案件程序规定》第 144 条规定：

对犯罪嫌疑人逮捕后的侦查羁押期限不得超过二个月。案情复杂、期限届满不能侦查终结的案件，应当制作提请批准延长侦查羁押期限意见书，经县级以上公安机关负责人批准后，在期限届满七日前送请同级人民检察院转报上一级人民检察院批准延长一个月。

刑事诉讼法上述规定的四类案件在规定的期限届满不能侦查终结的，应当制作《提请批准延长羁押期限意见书》，经县级以上公安机关负责人批准，在期限届满七日前送请同级人民检察院层报省、自治区、直辖市人民检察院批准，延长二个月。

犯罪嫌疑人可能判处十年有期徒刑以上刑罚，依照以上规定延长期限届满，仍不能侦查终结的，应当制作《提请批准延长羁押期限意见书》，经县级以上公安机关负责人批准，在期限届满七日前送请同级人民检察院层报省、自治区、直辖市人民检察院批准，再延长二个月。

121. 犯罪嫌疑人不讲真实姓名、住址，身份不明的，侦查羁押期限如何计算？

2012 年 3 月 14 日第十一届全国人民代表大会第五次会议通过，2012 年 3 月 14 日发布的《中华人民共和国刑事诉讼法》规定：

犯罪嫌疑人不讲真实姓名、住址，身份不明的，侦查羁押期限自查清其身份之日起计算，但是不得停止对其犯罪行为的侦查取证。对于犯罪事实清楚，证据确实、充分的，也可以按其自报的姓名移送人民检察院审查起诉。

122. 刑事诉讼文书的收件人本人或者代收人拒绝接收或者拒绝签名、盖章时，应如何送达？

2012 年 3 月 14 日第十一届全国人民代表大会第五次会议通过，2012 年 3 月 14 日发布的《中华人民共和国刑事诉讼法》规定：

送达传票、通知书和其他诉讼文件应当交给收件人本人，如果本人不在，可以交给他的成年家属或者所在单位的负责人员代收。

收件人本人或者代收人拒绝接收或者拒绝签名、盖章的时候，送达人可以邀请他的邻居或者其他见证人到场，说明情况，把文件留在他的住处，在送达证上记明拒绝的事由、送达的日期，由送达人签名，即认为已经送达。

123. 刑事诉讼文书的收件人是军人或其他特殊人员的，应如何送达？

最高人民法院 1998 年 9 月 2 日以法释〔1998〕23 号发布的《关于执行〈中华人民共和国刑事诉讼法〉若干问题的解释》规定：

诉讼文书的收件人是军人的，可以通过其所在部队团级以上单位的政治部门转交。

收件人正在服刑的，可以通过执行机关转交。

收件人正在被采取强制性教育措施的，可以通过强制性教育机构转交。

由有关部门、单位代为转交诉讼文书的，应当请有关部门、单位收到后立即交收件人签收，并将送达回证及时寄送人民法院。

第四章　侦查与证据

124. 侦查机关向银行查询企、事业单位、机关、团体与案件有关的银行存款或查阅有关的会计凭证、账簿资料的，如何办理？

中国人民银行、最高人民法院、最高人民检察院、公安部 1993 年 12 月 11 日以银发〔1993〕356 号向中国人民银行各省、自治区、直辖市分行，计划单列市分行；中国工商银行、中国农业银行、中国银行、中国人民建设银行、交通银行；各省、自治区、直辖市高级人民法院、人民检察院、公安厅（局）；军事法院、军事检察院联合发布的《关于查询、冻结、扣划企业、事业单位、机关、团体银行存款的通知》规定：

人民法院因审理或执行案件，人民检察院、公安机关因查处经济违法犯罪案件，需要向银行查询企、事业单位、机关、团体与案件有关的银行存款或查阅有关的会计凭证、账簿等资料时，银行应积极配合。查询人必须出示本人工作证或执行公务证和出具县级（含）以上人民法院、人民检察院、公安局签发的“协助查询存款通知书”，由银行行长或其他负责人（包括城市分理处、农村营业所和城乡信用社主任。下同）签字后并指定银行有关业务部门凭此提供情况和资料，并派专人接待。查询人对原件不得借走，需要的资料可以抄录、复制或照相，并经银行盖章。人民法院、人民检察院、公安机关对银行提供的情况和资料，应当依法保守秘密。

125. 侦查机关可否直接到协助执行的异地银行办理查询单位存款？

中国人民银行、最高人民法院、最高人民检察院、公安部 1993 年 12 月

11日以银发〔1993〕356号联合向中国人民银行各省、自治区、直辖市分行，计划单列市分行中国工商银行、中国农业银行、中国银行、中国人民建设银行、交通银行，各省、自治区、直辖市高级人民法院、人民检察院、公安厅（局）军事法院、军事检察院《关于查询、冻结、扣划企业事业单位、机关、团体银行存款的通知》规定：

作出查询决定的人民法院、人民检察院、公安机关与协助执行的银行不在同一辖区的，可以直接到协助执行的银行办理查询单位存款，不受辖区范围的限制。

126. 侦查机关依照法律规定需要收集、调取证据，查阅邮政业务档案时，如何办理？

1990年11月12日国务院令第65号发布的《中华人民共和国邮政法实施细则》规定：

有关单位依照法律规定需要收集、调取证据、查阅邮政业务档案时，必须凭相关邮政企业所在地的公安机关、国家安全机关、检察机关、人民法院出具的书面证明，并开列邮件具体节目，向相关县或者县级以上的邮政企业、邮电管理局办理手续。

127. 企业登记档案资料的查询内容包括哪些？

1996年12月16日国家工商行政管理局发布的《企业登记档案资料查询办法》规定：

企业登记档案资料的查询，按照提供途径，可以分为机读档案资料查询和书式档案资料查询。

机读档案资料的查询内容包括：

（一）企业登记事项：名称、住所、经营场所、法定代表人或负责人、经济性质或企业类别、注册资金或注册资本、经营范围、经营方式、主管部门、出资人、经营期限、注册号、核准登记注册日期等。

（二）企业登记报批文件：部门批准文件、章程、验资证明、住所证明、法人资格证明或自然人身份证明、法定代表人任职文件和身份证明、名称预先核准通知书。

（三）企业变更事项：核准设立子公司或分支机构日期、变更有关名称、住所、法定代表人、经济性质或企业类别、注册资金或注册资本、经营范围、经营方式等事项的各种登记文件及核准变更日期。

（四）企业注销（吊销）事项：法院破产裁定、企业决议或决定、行政机关责令关闭的文件、清算组织及清算报告、核准注销（吊销）日期。

（五）监督检查事项：企业被处罚记录及日期、年度检验情况（企业经营情况、财务状况、开户银行及账号除外）。

书式档案资料的查询内容包括核准登记企业的全部原始登记档案资料。

各组织、个人均可向各地工商行政管理机关申请进行机读档案资料查询。

128. 侦查机关如何向各级工商行政管理机关进行书式档案资料查询？

1996 年 12 月 16 日国家工商行政管理局发布的《企业登记档案资料查询办法》规定：

各级公安机关、检察机关、审判机关、国家安全机关、纪检监察机关，持有关公函，并出示查询人员有效证件，可以向各级工商行政管理机关进行书式档案资料查询。

书式档案资料中涉及的机密事项，须经工商行政管理机关批准方可查阅。工商行政管理机关内部审批文书，在办理涉及工商行政管理机关的案件时方可查阅。机读档案资料、书式档案资料查询，应查询人的要求，可以加盖工商行政管理机关档案资料查询专用章。

129. 查阅企业登记档案资料，须遵守哪些规定？

1996 年 12 月 16 日国家工商行政管理局发布的《企业登记档案资料查询办法》规定：

查阅企业登记档案资料，任何人不得在案卷上修改、涂抹、拆取和标注，不得损毁和擅自抄录。

查询人不得利用获得的资料开展有偿服务活动，也不得公布企业登记档案资料。

130. 证券登记结算机构不得拒绝哪些查询？

2001 年 12 月 12 日国务院证券委员会发布的《证券交易所管理办法》规定：

证券登记结算机构有权拒绝任何单位或者个人查询证券持有人名册及其相关资料，但下列情况除外：

（一）证券持有人本人或者委托经公证的受托人查询；

（二）依证券交易所管理办法第七十三条的以下规定向证券发行人提供证券持有人名册及其他有关资料：证券登记结算机构应当依据与证券发行人签订的服务合同，定期或者不定期地向证券发行人提供证券持有人名册及其他有关资料。在无纸化发行和交易的条件下，证券登记结算机构提供的证券持有人名册是证明证券持有人权益的有效凭证。证券登记结算机构应当确保证券持有人名册的合法性、真实性和完整性。任何机构和个人不得伪造、篡改、损毁证券持有人名册及其他相关资料；

（三）证监会及其授权部门、人民法院、人民检察院及其他国家机关依照法律、法规的规定和程序进行的查询和取证。

131. 海关在向侦查机关移送走私犯罪嫌疑案件时，对确属来源于走私行为非法取得的存款、汇款，应如何移送？

2012 年 3 月 14 日第十一届全国人民代表大会第五次会议通过，2012 年 3 月 14 日发布的《中华人民共和国刑事诉讼法》规定：

公安机关、人民检察院和人民法院对查封、扣押、冻结的犯罪嫌疑人、被告人的财物及其孳息，应当妥善保管，以供核查，并制作清单，随案移送。任何单位和个人不得挪用或者自行处理。对被害人的合法财产，应当及时返还。对违禁品或者不宜长期保存的物品，应当依照国家有关规定处理。

对作为证据使用的实物应当随案移送，对不宜移送的，应当将其清单、照片或者其他证明文件随案移送。

人民法院作出的判决，应当对查封、扣押、冻结的财物及其孳息作出处理。

人民法院作出的判决生效以后，有关机关应当根据判决对查封、扣押、冻结的财物及其孳息进行处理。对查封、扣押、冻结的赃款赃物及其孳息，除依法返还被害人的以外，一律上缴国库。

司法工作人员贪污、挪用或者私自处理查封、扣押、冻结的财物及其孳息的，依法追究刑事责任；不构成犯罪的，给予处分。

海关总署 1998 年 4 月 15 日以署法〔1998〕202 号发布的《关于贯彻执行〈关于刑事诉讼法实施中若干问题的规定〉的通知》规定：

根据《刑事诉讼法》第一百九十八条的上述规定和《海关总署关于刑事诉讼法实施中若干问题的规定》第四十八条关于赃款赃物处理程序规定的精神，以及《海关法》第五十二条的有关规定，海关在向公安机关移送走私罪嫌疑案件时，只随案移送有关走私货物、物品以及属于走私犯罪分子所有的走私运输工具的清单、照片或其他可起证据作用的证明文件，对查扣的走私罪嫌疑人的违法所得，包括根据《海关法行政处罚实施细则》的有关规定，对确属来源于走私行为非法取得的存款、汇款，已通知银行或者邮局暂停支付的，只随案移送有关证明文件。

132. 什么是走私罪证据适用规格？

走私罪证据适用规格是指公、检、法机关在走私罪的侦查、批捕、预审、起诉、审判等不同阶段中，以刑事证据理论为指导，根据《刑法》规定的走私罪构成要件，统一和规范收集、提取、采信、适用证据的行为，证明和再现案件发生、发展、经过、事实、情节、手段、后果、危害等客观面目，及时侦破案件，准确认定犯罪事实，依法定罪科刑的刑事诉讼形态证据的依据和标准。

133. 走私犯罪案件的一般证据适用规格包括哪些具体内容？

走私犯罪案件的一般证据适用规格包括：物证；书证；证人证言；被害人陈述；犯罪嫌疑人、被告人供述和辩解；鉴定结论勘验、检查笔录；视听资料等。

（一）物证

1. 照片

（1）涉案运输工具照片；（2）涉案货物、物品的照片；（3）查获涉案货物、物品现场存放位置的照片；（4）通信工具的照片；（5）接头工具的照片；（6）其他相关照片。

2. 实物

（1）涉案货物、物品

a. 国家禁止进出口物品；b. 国家限制进出口货物、物品；c. 涉税货物、物品。

（2）作案工具

a. 运输工具；b. 通信工具；c. 接头工具；d. 伪装物；e. 隐藏工具；f. 携带物；g. 集装箱；h. 其他。

3. 货柜封志等。

（二）书证

1. 国际贸易相关书证

（1）进出口单证

①商业单据

a. 运输单据：海运提单，不可转让海运单，租船提单，多式运输单据，空运、公路、铁路、内河运输单据、专递或邮局收据；

b. 发票：商业发票、形式发票、领事发票、厂商发票、样品发票；

c. 包装单：装箱单、包装说明、详细装箱单、包装提要、重量单、重量证书、磅码单、尺码单、花色搭配单、重量尺码明细单；

d. 保险单据：保险单、保险凭证、联合凭证、预保合同、保险通知书或保险声明书、批单、其他保险证明和单据（保险公司证明书、保险公司保费收据）。

②资金单据

汇票（光票和跟单汇票、即期汇票和远期汇票、商业承兑汇票和银行承兑汇票）。

③公务证

进出口许可证、机电产品进口申请表、进出口配额证明（机电产品、一般商品；计划配额、主动配额、被动配额）、重要工业品进口登记证明、出入境检验检疫证书、货物原产地证明、海关单证（进出口报关单、旅客申报单、税单、海关查验记录、进出口征免税表、加工贸易手册、企业备案档案、转关联系单、核销申请表等）。

（2）支付方式

①汇付：信汇、电汇、票汇；

②托收：光票托收、跟票托收；

③信用证：可撤销信用证与不可撤销信用证、保兑信用证与不保兑信用证、即期信用证与远期信用证、可转让信用证、循环信用证、背对背信用证、对开信用证、预支信用证、备用信用证。

2. 企业财会书证

（1）财务单证

①会计账簿

a. 总账；b. 明细账；c. 日记账也称序时账（包括现金日记账和银行存款日记账）；d. 其他辅助性账簿（如备查账）。

②会计凭证

a. 原始凭证：自制原始凭证（收料单、领料单、产品入库单、销货发票）、外来原始凭证（购货发票、付款收据）、一次凭证（收料凭证、产品交库凭证）、累计凭证（限额领料单）。

b. 记账凭证（又称分录凭证、记账凭单）：复式记账凭证和单式记账凭证、收款凭证、付款凭证和转账凭证。

③财务会计报告

a. 会计报表（资产负债表、损益表、财务状况变动表或者现金流量表）以及其他附表、会计报表附注、财务情况说明书；b. 月份报告、季度报告和年度报告；c. 其他财务报告。

（2）其他会计资料

a. 银行存款余额调节表；b. 银行对账单；c. 会计核算专业资料等。

3. 其他相关书证

企业原材料订购单、采购单企业生产记录（生产计划、生产指令单、产品配料单、技术图纸）；购货合同、协议；销售合同、协议；往来业务函电、谈判记录、备忘录，工作日记；国内增值税发票；进出口货物舱单；进出口载货清单；包裹单；理货公司发运单；收发货单位的提（发）货单、出（入）库单；仓库账册车、船、机票；码头纸；司机黄簿、缴费船员证件；通信资料各类收据、缴费单船员名单、各类航海日志、轮机日志、电台日志、航海海图等。

4. 有关资格证明材料

（1）犯罪嫌疑人（或被告人）自然情况的证明材料

①证明自然人姓名（曾用名）、性别、出生年月日、居民身份、民族、籍贯、出生地、职业、住所地的证据（包括任职证书、居民身份证、船员证件、微机户口底卡（户籍证明）、护照、专业或技术等级证书、人身照片、其他）。

②证明单位法人（或其他组织负责人）姓名、职务、单位住所地的证据：a. 法人工商注册登记证明；b. 法人设立注册登记证明；c. 法定代表人身份证明（包括居民身份证微机户口底卡（户籍证明）、工作证、护照、企业法人证明书、其他）；d. 营业执照；e. 住所地证明。

（2）前科劣迹

①判决书；

②释放证明书；

③不起诉决定书；

④劳动教养决定书；

⑤解除劳动教养决定书；

⑥其他劣迹。

（3）案发证明

①投案记录；

②报案记录；

③举报、控告记录及信件；

④抓获经过；

⑤其他。

（4）作案时间、地点证明（海上走私船舶单证）

①查获经过；

②海事局证明；

③经过当事人确认的定位海图；

④航海日志；

⑤轮机日志；

⑥电台日志；

⑦其他。

（5）船舶证书、证件

①运输船类应有的证书、证件

a. 船舶国籍证书；b. 船舶检验证书；c. 船舶营业运输证；d. 港澳航线船舶营业运输证；e. 其他。

②渔船类船舶应有的证书、证件

a. 渔业船舶登记证书；b. 渔业船舶国籍证书；c. 渔业船舶检验证书；d. 渔业捕捞许可证；e. 渔业船舶运输许可证；f. 其他。

③来往港澳小型船舶及海上鲜销船进出境（港）海关监管簿。

（三）证人证言

1. 侦查员证言；

2. 侦查活动的见证人证言；

3. 鉴定人证言；

4. 海关人员证言；

5. 缉私人员证言；

6. 知情人员证言；

7. 收购人证言；

8. 贩卖人证言；

9. 运输人证言；

10. 保管人员证言；

11. 目睹人证言；

12. 同谋人员证言；

13. 单位参与走私人员证言；

14. 单位负责人证言；

15. 其他。

（四）被害人陈述

（五）犯罪嫌疑人（或被告人）

（六）鉴定结论：

1. 技术鉴定（文检、痕检、文物、毒品鉴定等）；

2. 化学鉴定；

3. 会计鉴定；

4. 审计鉴定；

5. 货物、物品的检验鉴定证明（检验检疫部门鉴定、卫检部门鉴定、环保部门鉴定、其他）；

6. 船舶检验鉴定；

7. 其他。

（七）勘验、检查笔录

1. 现场

（1）现场勘查图；（2）现场照相、录像；（3）现场勘验、检查笔录；（4）勘查现场范围，包括截获现场、查获现场、交易现场、交接货现场、仓储现场等；（5）侦查实验笔录。

2. 物证：包括物证照片和物证勘验、检查笔录等。

3. 人身：人身照片、检查笔录等。

（八）视听资料

1. 电子数据（电脑软件、硬盘等）；

2. 录音带；

3. 录像带；

4. 其他。

（九）赃款、赃物、赃证的去向

（十）走私货物、物品的数量、价值、偷逃税额

1. 入库清单；

2. 扣押物品清单；

3. 价格部门的估价证明；

4. 海关计核偷逃税额证明；

5. 其他。

（十一）非法所得数额

（十二）起赃笔录

（十三）收缴笔录

（十四）销毁、存封证明

（十五）获利数额

（十六）证明行为人实施走私犯罪行为的证据

1. 证明行为人采取伪报的方式逃避海关监管的证据；

2. 证明行为人偷逃应缴税款的证据；

3. 证明行为人制作虚假进出口合同、发票、装箱单等供报关用单证的证据；

4. 证明行为人与走私罪犯通谋，为其提供贷款、资金、账号、发票、证明，或者为其提供运输、保管、邮寄或者其他方便的证据。

（十七）证明下列各点的其他证据

1. 故意动机目的；

2. 情节；

（1）犯罪事实情节；

（2）法定从重情节；

（3）法定加重情节；

（4）法定从轻减轻或免除情节；

（5）酌定情节。

3. 手段；

4. 后果；

5. 危害；

6. 犯罪嫌疑人（或被告人、法人、其他组织负责人）经济状况；

7. 犯罪嫌疑人（或被告人、法人、其他组织负责人）平时表现；

8. 认罪态度；

9. 其他。

（十八）指认笔录

（十九）辨认笔录

（二十）搜查笔录

134. 侦查机关收集、调取的书证、物证须符合哪些要求？

《公安机关办理刑事案件程序规定》规定：

第 61 条：收集、调取的物证应当是原物。只有在原物不便搬运、不易保存或者依法应当由有关部门保管、处理或者依法应当返还时，才可以拍摄或者制作足以反映原物外形或者内容的照片、录像或者复制品。

物证的照片、录像或者复制品经与原物核实无误或者经鉴定证明为真实的，或者以其他方式确能证明其真实的，可以作为证据使用。原物的照片、录像或者复制品，不能反映原物的外形和特征的，不能作为证据使用。

第 62 条：收集、调取的书证应当是原件。只有在取得原件确有困难时，才可以使用副本或者复制件。

书证的副本、复制件，经与原件核实无误或者经鉴定证明为真实的，或者以其他方式确能证明其真实的，可以作为证据使用。书证有更改或者更改迹象不能作出合理解释的，或者书证的副本、复制件不能反映书证原件及其内容的，不能作为证据使用。

第 63 条：物证的照片、录像或者复制品，书证的副本、复制件，视听资料、电子数据的复制件，应当附有关制作过程及原件、原物存放处的文字说明，并由制作人和物品持有人或者物品持有单位有关人员签名。

135. 侦查机关对作为犯罪证据但不便提取的财物、文件，应采取哪些方法加以保全？

对作为犯罪证据但不便提取的财物、文件，经登记、拍照或者录像、估价后，可以交财物、文件持有人保管或者封存，并且开具登记保存清单，一式两份，由侦查人员、持有人和见证人签名，一份交给财物、文件持有人，另一份连同照片或者录像资料附卷备查。财物、文件持有人应当妥善保管，不得转移、变卖、毁损。

136. 侦查机关对扣押的犯罪嫌疑人的财物及其孳息中，作为证据使用的实物应如何处理？

对查封、扣押的财物及其孳息、文件，公安机关应当妥善保管，以供核查。任何单位和个人不得使用、调换、损毁或者自行处理。

对容易腐烂变质及其他不易保管的财物，可以根据具体情况，经县级以上公安机关负责人批准，在拍照或者录像后委托有关部门变卖、拍卖，变卖、拍卖的价款暂予保存，待诉讼终结后一并处理。

对违禁品，应当依照国家有关规定处理；对于需要作为证据使用的，应当在诉讼终结后处理。

137. 视听资料是指哪些？

最高人民检察院 1996 年 12 月 31 日发布的《关于检察机关侦查工作贯彻刑诉法若干问题的意见》规定：

视听资料是指以图像和声音形式证明案件真实情况的证据。包括与案件事实、犯罪嫌疑人以及犯罪嫌疑人实施反侦查行为有关的录音、录像、照片、胶片、声卡、视盘、电子计算机内存贮的信息资料等。

138. 视听资料证据的收集方式有哪些？

最高人民检察院 1996 年 12 月 31 日发布的《关于检察机关侦查工作贯彻刑诉法若干问题的意见》规定：

（一）向有关单位和个人调取；

（二）犯罪嫌疑人、同案人交出；

（三）有关知情人、证人提供；

（四）犯罪嫌疑人家属或其聘请的律师提供；

（五）搜查、扣押；

（六）勘验检查中提取；

（七）侦查过程中检察人员直接制作；

（八）侦查过程中检察机关指派有关人员制作。

139. 如何区分视听技术手段与技侦手段的界限？

最高人民检察院 1996 年 12 月 31 日发布的《关于检察机关侦查工作贯彻刑诉法若干问题的意见》规定：

严格区分视听技术手段与技侦手段的界限。运用现代视听技术，依照法律规定的取证程序，公开或秘密地获取视听资料证据与依照专门的程序，运用专有技术，由技侦专门人员秘密进行的技术侦查是不同的。对个别案件，需要使用技侦手段的，要严格按规定审批，并商有关部门实施。

140. 视听资料证据的审查和采信须符合哪些要求?

最高人民检察院 1996 年 12 月 31 日发布的《关于检察机关侦查工作贯彻刑诉法若干问题的意见》规定:

对接受和调取的视听资料，必须经过审查核实才能作为定案的依据。审查视听资料证据，必须坚持全面、细致、协调、科学原则。对接受和调取的视听资料要认真审查来源是否清楚；获取时间和过程是否符合客观实际；获取人是否具备获取视听资料的条件和技术，获取该视听资料的动机、目的；视听资料的内容是否连贯，有无剪辑，所反映的犯罪事实与背景是否一致，口形与声音是否同步；视听资料所反映的内容与其他物证、书证、现场勘验是否协调一致，与犯罪嫌疑人供述和证人证言是否存在矛盾。对通过审查尚不能判定真伪的视听资料，要及时聘请有关视听技术专家进行鉴定。

141. 未经对方当事人同意私自录制其谈话取得的资料能否作为证据使用?

最高人民法院 1995 年 3 月 6 日以法复〔1995〕2 号向河北省高级人民法院作出的《关于未经对方当事人同意私自录制其谈话取得的资料不能作为证据使用的批复》规定:

证据的取得必须合法，只有经过合法途径取得的证据才能作为定案的根据。未经对方当事人同意私自录制其谈话，系不合法行为，以这种手段取得的录音资料，不能作为证据使用。

142. “有证据证明有犯罪事实”，是指同时具备哪些情形?

有证据证明有犯罪事实，是指同时具备下列情形:

（一）有证据证明发生了犯罪事实;

（二）有证据证明犯罪事实是犯罪嫌疑人实施的;

（三）证明犯罪嫌疑人实施犯罪行为的证据已有查证属实的。

犯罪事实可以是犯罪嫌疑人实施的数个犯罪行为中的一个。

143. 收集、调取的证据须符合哪些要求？

《公安机关办理刑事案件程序规定》规定：

收集、调取的书证应当是原件。在取得原件确有困难时，可以使用副本或者复制件。

书证的副本、复制件，经与原件核实无误或者经鉴定证明为真实的，可以作为证据使用。书证有更改或者更改迹象不能作出合理解释的，或者书证的副本、复制件不能反映书证原件及其内容的，不能作为证据使用。

书证的副本、复制件，视听资料、电子数据的复制件，物证的照片、录像，应当附有关制作过程及原件、原物存放处的文字说明，并由制作人和物品持有人或者持有单位有关人员签名。

144. 证据必须经过哪些程序查证属实才能作为定案的根据？

最高人民法院 2012 年 12 月 20 日以法释〔1998〕23 号公布的《关于适用〈中华人民共和国刑事诉讼法〉的解释》规定：

证据未经当庭出示、辨认、质证等法庭调查程序查证属实，不得作为定案的根据，但法律和本解释另有规定的除外。

145. 在走私犯罪案件侦办过程中，侦查人员审查证据的方法和步骤有哪些？

侦查人员审查证据的方法主要有：

证明走私案件中的事实或情节；证明证据与其所要证明的对象是否一致，证明证据与证据之间有无矛盾。

侦查人员按以下步骤审查证据：

（一）对单个证据进行审查，以判断其客观性、真实性、合法性；

（二）对证明走私案件同一事实或情节的证据进行审查，证明走私案件中同一事实或情节的真实性，相互之间有无矛盾，有了矛盾要合理排除；

（三）对全案证据进行审查，看走私案件中每个事实、情节是否都有证据证明，证据之间是否一致，能否形成证据体系。

146. 在办理走私刑事案件中，对走私行为人涉嫌偷逃的应缴税额如何进行认定？

在办理走私普通货物、物品罪案件中，对走私行为人涉嫌偷逃应缴税额的认定，应当由走私犯罪案件管辖地的所在海关出具《涉嫌走私的货物、物品偷逃税款海关核定证明书》（以下简称《核定证明书》）。海关出具的《核定证明书》属于鉴定结论，经人民法院、人民检察院、走私犯罪侦查机关审查确认，可以作为办案的依据和对走私犯罪嫌疑人定罪量刑的证据。走私犯罪侦查机关、人民检察院和人民法院对海关出具的《核定证明书》提出异议的，或者因案件出现新的进展，核定偷逃税额的事实或者计核依据发生变化，需要补充核定或者重新核定的，可以要求原出具《核定证明书》的海关补充核定或者重新核定，重新核定应当另行指派专人进行。

当走私犯罪嫌疑人或者其辩护人对海关出具的《核定证明书》有异议，向走私犯罪侦查机关、人民检察院或者人民法院提出重新核定申请的，经走私犯罪侦查机关、人民检察院或者人民法院批准，可以重新核定。

147. 对作为证据使用的实物，应如何处理？

最高人民法院2012年12月20日公布的《最高人民法院关于适用〈中华人民共和国刑事诉讼法〉的解释》规定：

对作为证据使用的实物，包括作为物证的货币、有价证券等，应当随案移送。第一审判决、裁定宣告后，被告人上诉或者人民检察院抗诉的，第一审人民法院应当将上述证据移送第二审人民法院。

148. 侦查人员在组织对与犯罪有关的物品文件、场所或者犯罪嫌疑人进行辨认前，应做好哪几方面的工作？

（一）侦查人员应当制作《呈请辨认报告书》，经办案科负责人批准后，方可组织辨认；

（二）组织进行辨认前，应当查明辨认人是否具备辨认条件，向辨认人详细询（讯）问辨认对象的具体特征，并制作询（讯）问笔录，告知辨认人有意作虚假辨认应负的法律责任，并在笔录上注明。辨认前，要避免辨认人见到辨认对象；

（三）辨认应当安排在与发案时间、环境相近似的条件下进行；

（四）几名辨认人对同一辨认对象进行辨认时，应当分别进行。

149. 辨认犯罪嫌疑人或者犯罪嫌疑人的照片时，应当注意哪些问题？

辨认犯罪嫌疑人时，被辨认的人数不得少于7人，并按顺序排列编号。选择被辨认的陪衬人时，应当挑选与犯罪嫌疑人年龄、气质、身高相近似的人，侦查人员不得替代。

对犯罪嫌疑人照片进行辨认的，不得少于10人的照片，被辨认的陪衬照片应当选择年龄、发式、照片相近似的，并按顺序编号，贴在纸上，附在《辨认笔录》之后归档入卷。

辨认物品时，混杂的同类物品不得少于5件，也应按顺序编号后进行。

150. 辨认的方式有哪几种？是否必须制作辨认笔录？

辨认的方式有公开和秘密两种方式。侦查人员可根据案情需要和辨认要求，选择公开或者秘密形式进行。可以反复进行辨认，排除偶然性。

公开辨认的过程和结果应当制作《辨认笔录》，《辨认笔录》不得使用讯问询问笔录纸或普通书写纸代替。

秘密辨认不制作辨认记录，由主持辨认的侦查人员写出秘密辨认报告，订入侦查工作卷宗备查。如需作证据使用，可转为公开辨认。

秘密辨认可通过侧面辨认，正面辨认，寻找辨认，照片和画像辨认，体态、动作和声音辨认进行。

151. 侦查人员如需提押在押的犯罪嫌疑人对犯罪场所进行辨认，应注意哪些问题？

侦查人员提押在押的犯罪嫌疑人对犯罪场所进行辨认，应当写出专门请示，经支局以上公安机关负责人批准，征得看守所的同意和配合，对犯罪嫌疑人必须加带械具，配备足够警力，防止逃跑和发生意外事故。

152.《辨认笔录》的制作有哪些要求？

《辨认笔录》的正文部分应如实反映辨认活动过程及结论。应写明辨认人进行辨认的具体情况和现实条件，提供辨认对象的情况，辨认的方法和辨认过程中辨认人的态度，辨认结果及辨认人对辨认对象能够辨认、确认或者不能够辨认、确认的理由。有的还应包括辨认人对辨认提出的异议和要求等内容。

《辨认笔录》应由参加辨认的侦查人员、辨认人、见证人、记录人签名，辨认人还应捺指印。

辨认结果要经过审核判断，在有相关证据印证下，才能作为定案的依据，严禁孤立使用辨认结果认定案件。

153. 在哪些情况下，侦查人员可以对可能隐藏犯罪证据的人的身体、物品、住处、工作地点和其他有关的地方进行搜查？

《公安机关办理刑事案件程序规定》规定：

第 217 条：为了收集犯罪证据、查获犯罪人，经县级以上公安机关负责人批准，侦查人员可以对犯罪嫌疑人以及可能隐藏罪犯或者犯罪证据的人的身体、物品、住处和其他有关的地方进行搜查。

第 218 条：进行搜查，必须向被搜查人出示搜查证，执行搜查的侦查人员不得少于二人。

154. 侦查机关对赃款、赃物应根据不同情况做哪些处理？

1996 年 3 月 17 日第八届全国人民代表大会第四次会议修正的《中华人民共和国刑事诉讼法》第 245 条规定：

公安机关对于扣押、冻结犯罪嫌疑人、被告人的财物及其孳息，应当妥善保管，以供核查。任何单位和个人不得挪用或者自行处理。对被害人的合法财产，应当及时返还。对违禁品或者不宜长期保存的物品，应当依照国家有关规定处理。

对作为证据使用的实物应当随案移送，对不宜移送的，应当将其清单、照片或者其他证明文件随案移送。

人民法院作出的判决，应当对查封、扣押、冻结的财物及其孳息作出处理。

人民法院作出的判决生效以后，有关机关应当根据判决对查封、扣押、冻结的财物及其孳息进行处理。对查封、扣押、冻结的赃款赃物及其孳息，除依法返还被害人的以外，一律上缴国库。

司法工作人员贪污、挪用或者私自处理查封、扣押、冻结的财物及其孳息的，依法追究刑事责任；不构成犯罪的，给予处分。

最高人民法院、最高人民检察院、公安部、国家安全部、司法部、全国人大常委会法制工作委员会 2013 年 1 月 1 日联合发布的《关于刑事诉讼法实施中若干问题的规定》规定：

对于依照刑法规定应当追缴的违法所得及其他涉案财产，除依法返还被害人的财物以及依法销毁的违禁品外，必须一律上缴国库。查封、扣押的涉案财产，依法不移送的，待人民法院作出生效判决、裁定后，由人民法院通知查封、扣押机关上缴国库，查封、扣押机关应当向人民法院送交执行回单；冻结在金融机构的违法所得及其他涉案财产，待人民法院作出生效判决、裁定后，由人民法院通知有关金融机构上缴国库，有关金融机构应当向人民法院送交执行回单。

对于被扣押、冻结的债券、股票、基金份额等财产，在扣押、冻结期间权利人申请出售，经扣押、冻结机关审查，不损害国家利益、被害人利益，不影响诉讼正常进行的，以及扣押、冻结的汇票、本票、支票的有效期即将届满的，可以在判决生效前依法出售或者变现，所得价款由扣押、冻结机关保管，并及时告知当事人或者其近亲属。

刑事诉讼法第一百四十二条第一款中规定：“人民检察院、公安机关根据侦查犯罪的需要，可以依照规定查询、冻结犯罪嫌疑人的存款、汇款、债券、股票、基金份额等财产。”根据上述规定，人民检察院、公安机关不能扣划存款、汇款、债券、股票、基金份额等财产。对于犯罪嫌疑人、被告人死亡，依照刑法规定应当追缴其违法所得及其他涉案财产的，适用刑事诉讼法第五编第三章规定的程序，由人民检察院向人民法院提出没收违法所得的申请。

犯罪嫌疑人、被告人死亡，现有证据证明存在违法所得及其他涉案财产应当予以没收的，公安机关、人民检察院可以进行调查。公安机关、人民检察院进行调查，可以依法进行查封、扣押、查询、冻结。

人民法院在审理案件过程中，被告人死亡的，应当裁定终止审理；被告人脱逃的，应当裁定中止审理。人民检察院可以依法另行向人民法院提出没收违法所得的申请。

对于人民法院依法作出的没收违法所得的裁定，犯罪嫌疑人、被告人的近亲属和其他利害关系人或者人民检察院可以在五日内提出上诉、抗诉。

155. 因提出延期审理进行补充侦查的，人民检察院可否要求侦查机关提供法庭审判所必需的证据材料？

最高人民检察院 1996 年 12 月 31 日公布的《关于审查逮捕和公诉工作贯彻刑诉法若干问题的意见》规定：

因提出延期审理进行补充侦查的，人民检察院可以书面要求公安机关或本院侦查部门提供法庭审判所必需的证据材料或者退回公安机关或本院侦查部门补充侦查，也可以自行搜集证据。补充侦查不得超过一个月。补充侦查以二次为限。

156. 侦查人员应如何收集各种证据？

2012 年 3 月 14 日第十一届全国人民代表大会第五次会议通过，2012 年 3 月 14 日发布的《中华人民共和国刑事诉讼法》规定：

审判人员、检察人员、侦查人员必须依照法定程序，收集能够证实犯罪嫌疑人、被告人有罪或者无罪、犯罪情节轻重的各种证据。严禁刑讯逼供和以威胁、引诱、欺骗以及其他非法方法收集证据，不得强迫任何人证实自己有罪。必须保证一切与案件有关或者了解案情的公民，有客观地充分地提供证据的条件，除特殊情况外，并且可以吸收他们协助调查。

157. 侦查机关如何向有关单位和个人收集、调取证据？

2012 年 3 月 14 日发布的《中华人民共和国刑事诉讼法》规定：

公安机关有权向有关单位和个人收集、调取证据。有关单位和个人应当如实提供证据。

对于涉及国家秘密的证据，应当保密。

凡是伪造证据、隐匿证据或者毁灭证据的，无论属于何方，必须受法律追究。

158. 对于扣押、追缴、没收的哪些物品不需要估价？

国家计划委员会、最高人民法院、最高人民检察院、公安部1997年4月22日以计办〔1997〕808号向各省、自治区、直辖市物价局（委员会）、计委（计经委）、高级人民法院、人民检察院、公安厅（局）印发的《扣押、追缴、没收物品估价管理办法》规定：

对于扣押、追缴、没收的珍贵文物，珍贵、濒危动物及其制品，珍稀植物及其制品，毒品，淫秽物品，枪支、弹药等不以价格数额作为定罪量刑标准的，不需要估价。

159. 价格事务所出具的扣押、追缴、没收物品估价鉴定结论，可否作为办理案件的依据？

国家计划委员会、最高人民法院、最高人民检察院、公安部1997年4月22日以计办〔1997〕808号向各省、自治区、直辖市物价局（委员会）、计委（计经委）、高级人民法院、人民检察院、公安厅（局）印发的《扣押、追缴、没收物品估价管理办法》规定：

价格事务所出具的扣押、追缴、没收物品估价鉴定结论，经人民法院、人民检察院、公安机关确认，可以作为办理案件的依据。

160.《扣押、追缴、没收物品估价委托书》应包括哪些内容？

国家计划委员会、最高人民法院、最高人民检察院、公安部1997年4月22日以计办〔1997〕808号向各省、自治区、直辖市物价局（委员会）、计委（计经委）、高级人民法院、人民检察院、公安厅（局）印发的《扣押、追缴、没收物品估价管理办法》规定：

委托机关在委托估价时，应当送交《扣押、追缴、没收物品估价委托书》。《扣押、追缴、没收物品估价委托书》应当包括以下内容：

（一）估价的理由和要求；

（二）扣押、追缴、没收物品的品名、牌号、规格、种类、数量、来源，以及购置、生产、使用时间；

（三）起获扣押、追缴、没收物品时其被使用、损坏程度的记录，重要的扣押、追缴、没收物品，应当附照片；

（四）起获扣押、追缴、没收物品的时间、地点；

（五）其他需要说明的情况。

委托机关送交的《扣押、追缴、没收物品估价委托书》必须加盖单位公章。

161. 价格事务所向委托机关出具的《扣押、追缴、没收物品估价鉴定结论书》应当包括哪些内容？

国家计划委员会、最高人民法院、最高人民检察院、公安部1997年4月22日以计办〔1997〕808号向各省、自治区、直辖市物价局（委员会）、计委（计经委）、高级人民法院、人民检察院、公安厅（局）印发的《扣押、追缴、没收物品估价管理办法》规定：

价格事务所在完成估价后，应当向委托机关出具《扣押、追缴、没收物品估价鉴定结论书》。《扣押、追缴、没收物品估价鉴定结论书》应当包括以下内容：

（一）估价范围和内容；

（二）估价依据；

（三）估价方法和过程简述；

（四）估价结论；

（五）其他需要说明的问题及有关材料；

（六）估价工作人员签名。

价格事务所出具的《扣押、追缴、没收物品估价鉴定结论书》必须加盖单位公章。

162. 委托机关对价格事务所出具的《扣押、追缴、没收物品估价鉴定结论书》有异议的，如何办理？

国家计划委员会、最高人民法院、最高人民检察院、公安部1997年4月22日以计办〔1997〕808号向各省、自治区、直辖市物价局（委员会）、计委（计经委）、高级人民法院、人民检察院、公安厅（局）印发的《扣押、追缴、没收物品估价管理办法》规定：

委托机关对价格事务所出具的《扣押、追缴、没收物品估价鉴定结论书》有异议的，可以向原估价机构要求补充鉴定或者重新鉴定，也可以直接委托上级价格部门设立的价格事务所复核或者重新估价。

163. 接受委托的价格事务所可否将委托事项转送上级价格部门设立的价格事务所进行估价？

国家计划委员会、最高人民法院、最高人民检察院、公安部1997年4月22日以计办〔1997〕808号向各省、自治区、直辖市物价局（委员会）、计委（计经委）、高级人民法院、人民检察院、公安厅（局）印发的《扣押、追缴、没收物品估价管理办法》规定：

接受委托的价格事务所认为必要时，在征得委托机关同意后，可以将委托事项转送上级价格部门设立的价格事务所进行估价，并将有关情况书面通知原委托估价机关。

国家计划委员会直属价格事务所是扣押、追缴、没收物品估价的最终复核裁定机构。

164. 价格事务所对扣押、追缴、没收物品进行估价的基本原则是什么？

国家计划委员会、最高人民法院、最高人民检察院、公安部1997年4月22日以计办〔1997〕808号向各省、自治区、直辖市物价局（委员会）、计委（计经委）、高级人民法院、人民检察院、公安厅（局）印发的《扣押、追缴、没收物品估价管理办法》规定：

价格事务所必须按照国家的有关法律规定，以及最高人民法院、最高人民检察院制定的有关司法解释和各项价格法规，客观公正、准确及时地估定扣押、追缴、没收物品价格。

扣押、追缴、没收物品估价的基准价，除法律、法规和司法解释另有规定外，应当由委托机关根据案件实际情况确定。

价格事务所对委托估价的文物、邮票、字画、贵重金银、珠宝及其制品等特殊物品，应当送有关专业部门作出技术、质量鉴定后，根据其提供的有关依据，作出估价结论。

165. 对扣押、追缴、没收物品估价工作如何进行管理？

国家计划委员会、最高人民法院、最高人民检察院、公安部1997年4月22日以计办〔1997〕808号向各省、自治区、直辖市物价局（委员会）、计委（计经委）、高级人民法院、人民检察院、公安厅（局）印发的《扣押、追缴、没收物品估价管理办法》规定：

按照国家有关价格工作的管理规定，扣押、追缴、没收物品估价工作实行统一领导、分级管理。

国家计划委员会的主要职责：

（一）会同最高人民法院、最高人民检察院、公安部制定、解释扣押、追缴、没收物品估价工作的基本原则。

（二）确定划分国家和地方价格部门在扣押、追缴、没收物品估价工作中的主要职责。

（三）负责管理、指导、监督、检查全国扣押、追缴、没收物品估价工作。

（四）其设立的价格事务所办理最高人民法院、最高人民检察院、公安部委托的扣押、追缴、没收物品估价协调或者办理跨地区（省、自治区、直辖市）、跨部门的扣押、追缴、没收物品估价业务，办理疑难、重大案件涉及的扣押、追缴、没收物品估价。

各省、自治区、直辖市价格部门的主要职责：

（一）贯彻执行最高人民法院、最高人民检察院、公安部和国家计委对估价工作制定的各项方针、政策和基本原则，会同同级司法机关制定本地区有关扣押、追缴、没收物品估价的具体规定。

（二）其设立的价格事务所办理同级人民法院、人民检察院、公安机关委托的扣押、追缴、没收物品估价，办理本地区内跨地（市）县，有相当难度的扣押、追缴、没收物品估价及复核工作，协助上级价格部门设立的价格事务所进行扣押、追缴、没收物品估价工作。

地（市）县（市、区）价格部门的职责：

（一）贯彻执行估价工作的有关规定，协助上级价格部门做好扣押、追缴、没收物品估价工作。接受上级价格部门对扣押、追缴、没收物品估价工作的管理、指导、监督、检查。

（二）其设立的价格事务所办理同级人民法院、人民检察院、公安机关委托的扣押、追缴、没收物品估价，协助上级价格部门设立的价格事务所进行扣押、追缴、没收物品估价工作。

166. 价格事务所和鉴定人对《扣押、追缴、没收物品估价鉴定结论书》的内容如何承担相应法律责任？

国家计划委员会、最高人民法院、最高人民检察院、公安部 1997 年 4 月 22 日以计办〔1997〕808 号向各省、自治区、直辖市物价局（委员会）、计委（计经委）、高级人民法院、人民检察院、公安厅（局）印发的《扣押、追缴、没收物品估价管理办法》规定：

严禁估价人员虚假鉴定、徇私舞弊、玩忽职守、泄露涉案秘密。凡违反规定，造成估价失实，或者对办理案件造成不良影响的，对责任人员将视情节，给予处分；构成犯罪的，依法追究刑事责任。

价格事务所和鉴定人对出具的《扣押、追缴、没收物品估价鉴定结论书》的内容分别承担相应法律责任。

价格事务所及其工作人员对估价工作中涉及的有关资料和情况负责保密。

167. 对装运走私货物的集装箱应如何处理？

根据《海关总署关于对装运走私货物的集装箱的处理意见的批复》（署调函〔2001〕24 号）的精神，对装运走私货物的集装箱应区分情况进行处理：

（一）对于经过改装、专门用于走私的集装箱可按藏匿走私货物的特制设备予以没收；

（二）对于从非设关地走私，且船舶或车辆不属于合法国际运输船舶或车辆的，可将装运走私货物的集装箱视为走私货物予以没收；

（三）对于在设关地或非设关地走私但船舶或车辆属于合法国际运输船舶或车辆的，不宜将装运走私货物的集装箱认定为走私货物或专门用于走私的工具，应予以发还。但运输工具已被认定为多次用于走私的，其所载集装箱应连同运输工具一并没收。

168. 对走私犯罪案件中涉案文物、珍稀、濒危动植物和电子数据的鉴定，应委托什么部门进行？

对文物和珍稀、濒危动植物的鉴定，应当委托文物保护及管理部门、野生动植物保护部门的专家，依照国家有关法律规定进行，确定类别、等级；

对电子数据的鉴定，应当委托地方公安机关的计算机管理监察部门根据法律规定进行鉴定。

169. 侦查人员能否将用作证据的鉴定结论告知走私犯罪嫌疑人或其法定代理人、近亲属？

侦查人员应当将用作证据的鉴定结论告知犯罪嫌疑人或其法定代理人、近亲属。告知其鉴定结论时，可以只告知其结论部分，对鉴定过程等其他内容不予告知。

170. 如果犯罪嫌疑人对鉴定结论有异议，提出补充鉴定或重新鉴定要求的，走私犯罪侦查机关应如何办理？

如果犯罪嫌疑人对鉴定结论有异议，提出补充鉴定或重新鉴定要求的，侦查人员应当记录在案，或者令其写出书面申请。侦查人员应及时制作《呈请补充鉴定报告书》或者《呈请重新鉴定报告书》，经支局以上公安机关负责人批准，可以补充鉴定或者重新鉴定。但鉴定费用应当由犯罪嫌疑人承担。

补充鉴定可继续聘请原鉴定人，重新鉴定应当另行指派或者聘请鉴定人。

171. 对扣留、没收的非法进口卷烟如何处理？

为了贯彻实施《关于严厉打击卷烟走私整顿卷烟市场的通告》（以下简称《通告》），根据《中华人民共和国烟草专卖法》和国家其他有关规定，国家烟草专卖局、国家工商行政管理局、公安部、海关总署1995年3月10日以国烟专〔1995〕第7号向各省、自治区、直辖市及重庆、大连市烟草专卖局、工商行政管理局、公安厅（局）、直属海关发出《关于扣留、没收的非法进口卷烟处理问题的通知》，对扣留、没收的非法进口卷烟处理中的有关事项通告如下：

（一）各执法部门扣留的非法进口卷烟，应就近封存，从查获地运往封存地时，可凭执法部门开具的《扣留凭单》运输。

（二）执法部门没收的非法进口卷烟，应委托国家烟草专卖局设立或授权的烟草拍卖行和省级人民政府指定，并经国家烟草专卖局认可的拍卖行公开拍卖。

（三）各执法部门应及时向拍卖行提供没收的非法进口卷烟数量、品种、规格、质量，以便组织拍卖。拍卖行应在拍卖的15日前发布公告或通知。公布或通知应包括以下内容：（1）拍卖日期、地点；（2）拍卖物的名称、规格、数量、质量；（3）竞买人条件；（4）拍卖方式。

拍卖底价由拍卖委托人提供。

（四）竞买人必须持有国家烟草专卖局核发的《处理罚没走私卷烟定点企业（批发）》证照和工商行政管理机关核发的营业执照，不受省（自治区、直辖市）行政区划限制。

（五）拍卖行在扣除拍卖手续费后，应将拍卖款全部返还原没收单位。拍卖手续费标准由地方政府核定，一般不得高于成交额的3%。

（六）在尚未设立上述第二项所规定的拍卖行的省、自治区和直辖市，各执法部门没收的非法进口卷烟，可交由当地“定点企业（批发）”收购处理，其价格原则上不低于当地市场零售价的70%。也可委托外省、自治区和直辖市的烟草拍卖行拍卖。“定点企业（批发）”是指持有国家烟草专卖局核发的“处理罚没走私卷烟定点企业（批发）”证照的单位。

（七）在市场上罚没的零散非法进口卷烟，可交由当地“定点企业（零售）”代销或收购，其代销款扣除代销所需费用（含手续费）后，全部返还原没收单位。代销的手续费由双方协商确定。收购的价格原则上不低于当地市场零售价的70%。“定点企业（零售）”是指持有国家烟草专卖局核发或授权核发的“处理罚没走私卷烟定点企业（零售）”证照的单位。

（八）没收的非法进口卷烟需要在省际运输的，必须由收购单位或拍卖中标的“定点企业（批发）”向国家烟草专卖局申领准运证；需要在省内运输的，必须向省级烟草专卖局申领准运证。“非法进口卷烟”含外销又走私进境的国产烟。

（九）没收的非法进口卷烟在公开销售时，必须有烟草专卖部门加贴的《罚没走私烟》标记。标记由国家烟草专卖局统一印制、下发。箱包装上的标记在拍卖或收购后批发前加贴，条包装上的标记随货同行，在零售前由“定点企业（零售）”在当地烟草专卖部门的监督下加贴。对未按规定加贴标记的，由国家烟草专卖局会同国家工商行政管理局另行制定处理规定。

172. 对涉案物品如何予以处理？

2012年3月14日第十一届全国人民代表大会第五次会议通过，2012年3月14日发布的《中华人民共和国刑事诉讼法》规定：

犯罪分子违法所得的一切财物，应当予以追缴或者责令退赔；对被害人的合法财产，应当及时返还；违禁品和供犯罪所用的本人财物，应当予以没收。没收的财物和罚金，一律上缴国库，不得挪用和自行处理。

173. 海关对走私货物、物品及违法所得应如何处理？

2012年3月14日第十一届全国人民代表大会第五次会议通过，2012年3月14日发布的《中华人民共和国刑事诉讼法》规定：

公安机关、人民检察院和人民法院对于扣押、冻结犯罪嫌疑人、被告人的财物及其孳息，应当妥善保管，以供核查。任何单位和个人不得挪用或者自行处理。对被害人的合法财产，应当及时返还。对违禁品或者不宜长期保存的物品，应当依照国家有关规定处理。对作为证据使用的实物应当随案移送，对不宜移送的，应当将其清单、照片或者其他证明文件随案移送。人民法院作出的判决生效以后，对被扣押、冻结的赃款赃物及其孳息，除依法返还被害人的以外，一律没收，上缴国库。司法工作人员贪污、挪用或者私自处理被扣押、冻结的赃款赃物及其孳息的，依法追究刑事责任；不构成犯罪的，给予处分。

海关总署 1998 年 4 月 15 日以署法〔1998〕202 号发布的《关于贯彻执行〈关于刑事诉讼法实施中若干问题的规定〉的通知》规定：

根据刑事诉讼法第一百九十八条和海关总署《关于刑事诉讼法实施中若干问题的规定》第四十八条关于赃款赃物处理程序规定的精神以及《海关法》第五十二条的有关规定，海关在向公安机关移送走私罪嫌疑案件时，只随案移送有关走私货物、物品以及属于走私犯罪分子所有的走私运输工具的清单、照片或其他可起证据作用的证明文件；对查扣的走私罪嫌疑人的违法所得，包括根据《海关法行政处罚实施细则》的有关规定，对确属来源于走私行为非法取得的存款、汇款，已通知银行或者邮局暂停支付的，只随案移送有关证明文件。

海关对查扣的依法不移送的走私货物、物品、违法所得和走私运输工具，应当在人民法院判决生效后，依照国务院和海关总署的有关规定处理。对不宜长期保存的物品需要提前处理的，海关应当按照规定报请海关总署批准并且在处理前通知司法机关和货物、物品的所有人。提前处理走私货物、物品应注意留样以备核查；不便留样的可在处理前提请司法机关或有关检验机关对货物、物品作出鉴定。

174. 侦查机关在查处违法犯罪活动中依法没收、追缴的文物，应依哪些规定予以移交？

依法移交的文物，系指各级执法部门在查处违法犯罪活动中依法没收、追缴的除依法返还受害人以外的所有文物，包括珍贵文物和一般文物。依法移交的文物属于国有资产。

负责移交文物的执法部门，系指在查处违法犯罪活动中依法没收、追缴文物的各级侦查部门、工商行政管理部门和海关等执法部门（以下统称移交部门）。

负责接收文物的部门，系指国家和各省、自治区、直辖市（以下简称省级）文物行政管理部门。经国家或省级文物行政管理部门授权，地、市、县的文物行政管理部门或有关国有博物馆可具体承办文物接收事宜（以下统称接收部门）。

依法移交文物的移交和接收，在结案后应立即全部无偿移交给接收部门。

1999 年 4 月 5 日国家文物局、财政部、公安局、海关总署、国家工商行政管理局发布的《依法没收、追缴文物的移交办法》规定：

移交部门应负责移交前的文物安全和保护工作。移交部门如果在结案前不具备保证文物安全无损的安全防范条件、防止自然力损害的保管条件和修复的技术力量，或者自没收、追缴之时起已逾一年未能结案的，应将文物及时移送接收部门指定的国有博物馆暂存。暂存单位应负责文物的安全，并为执法部门对有关文物的取证提供方便。移交部门向接收部门移交文物，接收部门应及时组织国家或省级文物鉴定机构对移交文物进行鉴定，造具文物登记清单并评定级别。移交时由交接双方及承办机构负责确认移交文物登记清单，履行实物查点、交接和签字等完备手续。

交接情况每年年终由省级执法部门和接收部门汇总，分别向公安部、海关总署、国家工商行政管理局等有关执法部门和国家文物局报告，并报财政部备案。

175. 侦查机关依法没收追缴的文物如何予以保管？

1999 年 4 月 5 日国家文物局、财政部、公安局、海关总署、国家工商行政管理局发布的《依法没收、追缴文物的移交办法》规定：

接收的移交文物由国家文物局或省级文物行政管理部门根据文物保护、研究和利用等需要，指定具备条件的国有博物馆收藏保管，其中，一级文物应由省级文物行政管理部门报国家文物局备案。当地重复品较多的文物，可以由国家文物局组织，在跨省区的国有博物馆之间进行交换、调拨。确实没有收藏价值的一般文物，报经国家文物局批准，根据归口经营、统一管理的原则投入流通，办理文物标的的鉴定许可事宜，由国家文物局或指定省级文物行政管理部门依法委托具有文物拍卖经营资格权的拍卖行进行拍卖，所得收入全部缴拍卖文物所在地的省级财政部门。

176. 侦查机关对于扣押、冻结犯罪嫌疑人的财物及其孳息，应如何保管？

2012 年 3 月 14 日第十一届全国人民代表大会第五次会议通过，2012 年 3

月 14 日发布的《中华人民共和国刑事诉讼法》规定：

公安机关、人民检察院和人民法院对于扣押、冻结犯罪嫌疑人、被告人的财物及其孳息，应当妥善保管，以供核查。任何单位和个人不得挪用或者自行处理。对被害人的合法财产，应当及时返还。对违禁品或者不宜长期保存的物品，应当依照国家有关规定处理。

对作为证据使用的实物应当随案移送，对不宜移送的，应当将其清单、照片或者其他证明文件随案移送。

177. 侦查机关依法没收的重要文物，应如何处理？

2015 年 4 月 24 日第十二届全国人民代表大会常务委员会第十四次会议修正的《中华人民共和国文物保护法》规定：

银行、冶炼厂、造纸厂以及废旧物资回收部门，应与文化行政管理部门共同负责拣选出掺杂在金银器和废旧物资中的文物，除供银行研究所必需的历史货币可以由银行留用外，其余移交给文化行政管理部门处理。移交的文物须合理作价。

公安、海关、工商行政管理部门依法没收的重要文物，应当移交给文化行政管理部门。

财政部 1987 年 4 月 1 日以〔1987〕财预字第 53 号向各省（市）及计划单列市财政厅（局）、海关总署、公安部、最高人民检察院、最高人民法院、国家工商行政管理局发出的《关于执法机关依法没收的国家禁止出口的文物无偿交由专管机关处理的通知》规定：

根据《中华人民共和国文物保护法》第二十六条“……公安、海关、工商行政管理部门”的规定精神，我部〔1986〕第 228 号《罚没财物和追回赃款赃物管理办法》第九条第三项“属于政治性、破坏性物品，无偿交由专管机关处理”补一段，补充为“属于政治性、破坏性物品，以及国家禁止出口的文物，无偿交由专管机关处理”。

178. 单位负责人员将单位进行走私或其他犯罪活动所得财物予以销售，对买方造成经济损失的，如何承担民事责任？

最高人民法院 1998 年 4 月 21 日发布的《关于审理经济纠纷案件中涉及

经济犯罪嫌疑若干问题的规定》规定：

单位直接负责的主管人员和其他直接责任人员，将单位进行走私或其他犯罪活动所得财物以签订经济合同的方法予以销售，买方明知或者应当知道的，如因此造成经济损失，其损失由买方自负。但是，如果买方不知该经济合同的标的物是犯罪行为所得财物而购买的，卖方对买方所造成的经济损失应当承担民事责任。

179. 人民警察违法使用警械、武器，造成不应有的人员伤亡、财产损失的，如何追究法律责任？

1996 年 1 月 16 日国务院令第 191 号发布的《中华人民共和国人民警察使用警械和武器条例》规定：

人民警察违法使用警械、武器，造成不应有的人员伤亡、财产损失，构成犯罪的，依法追究刑事责任；尚不构成犯罪的，依法给予行政处分；对受到伤亡或者财产损失的人员，由该人民警察所属机关依照《中华人民共和国国家赔偿法》的有关规定给予赔偿。

180. 单位和个人发现有犯罪事实或者犯罪、嫌疑人，应如何向侦查机关报案或者举报？

2012 年 3 月 14 日第十一届全国人民代表大会第五次会议通过，2012 年 3 月 14 日发布的《中华人民共和国刑事诉讼法》规定：

任何单位和个人发现有犯罪事实或者犯罪嫌疑人，有权利也有义务向公安机关、人民检察院或者人民法院报案或者举报。

被害人对侵犯其人身、财产权利的犯罪事实或者犯罪嫌疑人，有权向公安机关、人民检察院或者人民法院报案或者控告。

报案、控告、举报可以用书面或者口头提出。接受口头报案、控告、举报的工作人员，应当写成笔录，经宣读无误后，由报案人、控告人、举报人签名或者盖章。

接受控告、举报的工作人员，应当向控告人、举报人说明诬告应负的法律责任。但是，只要不是捏造事实，伪造证据，即使控告、举报的事实有出入，甚至是错告的，也要和诬告严格加以区别。

公安机关、人民检察院或者人民法院应当保障报案人、控告人、举报人及其近亲属的安全。报案人、控告人、举报人如果不愿公开自己的姓名和报案、控告、举报的行为，应当为他保守秘密。

181. 侦查机关对于报案、举报的不属自己管辖的案件，应如何处理？

2012 年 3 月 14 日第十一届全国人民代表大会第五次会议通过，2012 年 3 月 14 日发布的《中华人民共和国刑事诉讼法》规定：

公安机关、人民检察院或者人民法院对于报案、控告、举报，都应当接受。对于不属于自己管辖的，应当移送主管机关处理，并且通知报案人、控告人、举报人；对于不属于自己管辖而又必须采取紧急措施的，应当先采取紧急措施，然后移送主管机关。

犯罪人向公安机关、人民检察院或者人民法院自首的，适用前述规定。

182. 侦查机关对报案、举报和自首的材料，经审查后应作出哪些处理？

2012 年 3 月 14 日第十一届全国人民代表大会第五次会议通过，2012 年 3 月 14 日发布的《中华人民共和国刑事诉讼法》规定：

公安机关发现犯罪事实或者犯罪嫌疑人，应当按照管辖范围，立案侦查。

公安机关对于报案、控告、举报和自首的材料，应当按照管辖范围，迅速进行审查，认为有犯罪事实需要追究刑事责任的时候，应当立案；认为没有犯罪事实，或者犯罪事实显著轻微，不需要追究刑事责任的时候，不予立案，并且将不立案的原因通知控告人。控告人如果不服，可以申请复议。

183. 对公民举报的案件线索，办案单位应否将处理结果答复举报人？

公安部 1990 年 5 月 3 日发布的《举报中心工作试行办法》规定：

对公民举报的案件线索，办案单位应视其情况将处理结果采取电话、书面或面谈等形式答复举报人。

184. 侦查机关对于报案、举报或者犯罪嫌疑人自首的，应如何接受？

《公安机关办理刑事案件程序规定》规定：

第 166 条：公安机关对于公民扭送、报案、控告、举报或者犯罪嫌疑人自动投案的，都应当立即接受，问明情况，并制作笔录，经核对无误后，由扭送人、报案人、控告人、举报人、自动投案人签名、捺指印。必要时，应当录音或者录像。

第 167 条：公安机关对扭送人、报案人、控告人、举报人、自动投案人提供的有关证据材料等应当登记，制作接受证据材料清单，并由扭送人、报案人、控告人、举报人、自动投案人签名。必要时，应当拍照或者录音、录像，并妥善保管。

第 168 条：公安机关接受案件时，应当制作受案登记表，并出具回执。

第 169 条：公安机关接受控告、举报的工作人员，应当向控告人、举报人说明诬告应负的法律责任。但是，只要不是捏造事实、伪造证据，即使控告、举报的事实有出入，甚至是错告的，也要和诬告严格加以区别。

185. 对于接受的案件，或者发现的犯罪线索，侦查机关应如何进行审查？

《公安机关办理刑事案件程序规定》规定：

第 171 条：对接受的案件，或者发现的犯罪线索，公安机关应当迅速进行审查。

对于在审查中发现案件事实或者线索不明的，必要时，经办案部门负责人批准，可以进行初查。

初查过程中，公安机关可以依照有关法律和规定采取询问、查询、勘验、鉴定和调取证据材料等不限制被调查对象人身、财产权利的措施。

第 172 条：经过审查，认为有犯罪事实，但不属于自己管辖的案件，应当立即报经县级以上公安机关负责人批准，制作移送案件通知书，移送有管辖权的机关处理。

对于不属于自己管辖又必须采取紧急措施的，应当先采取紧急措施，然后办理手续，移送主管机关。

186. 国家重点保护陆生野生动物或者其制品的价值标准如何确定？

国家林业局、公安部 2001 年 5 月 9 日发布的《关于森林和陆生野生动物刑事案件管辖及立案标准》：

珍贵、濒危陆生野生动物制品的价值，依照国家野生动物行政主管部门的规定核定；核定价值低于实际交易价格的，以实际交易价格认定。

187. “地方重点保护野生动物”是指哪些？

2016 年 7 月 2 日，中华人民共和国主席令第 47 号发布的《中华人民共和国野生动物保护法》规定：

地方重点保护野生动物，是指国家重点保护野生动物以外，由省、自治区、直辖市重点保护的野生动物。地方重点保护野生动物名录，由省、自治区、直辖市人民政府组织科学评估后制定、调整并公布。

188. 侦查机关说明不立案的理由后，检察院审查逮捕部门认为侦查机关不立案理由不能成立的，应如何办理？

《公安机关办理刑事案件程序规定》第 179 条规定：

对人民检察院要求说明不立案理由的案件，公安机关应当在收到通知书后七日以内，对不立案的情况、依据和理由作出书面说明，回复人民检察院。公安机关作出立案决定的，应当将立案决定书复印件送达人民检察院。

人民检察院通知公安机关立案的，公安机关应当在收到通知书后十五日以内立案，并将立案决定书复印件送达人民检察院。

189. 侦查机关在侦查案件中，发现当事人存款与案件直接有关，要求停止支付存款时，应如何办理手续？

中国人民银行、最高人民法院、最高人民检察院、公安部、司法部 1980 年 11 月 22 日以〔1980〕银储字第 18 号向各省、市、自治区高级人民法院，人民检察院，公安厅，司法厅，中国人民银行各省、市、自治区分行联合发布的《关于查询、停止支付和没收个人在银行的存款以及存款人死亡后的存款过户或支付手续的联合通知》规定：

人民法院、人民检察院和公安机关在侦查、审理案件中，发现当事人存款与案件直接有关，要求停止支付存款时，必须向银行提交县级和县级以上人民法院、人民检察院和公安机关的正式通知，经银行县、市支行或市分行区办一级核对后，通知所属储蓄所办理暂停支付手续。

停止支付的期限最长不超过六个月，逾期自动撤销，有特殊原因需要延长的，应重新办理停止支付手续。

如存款户在停止支付期间因生活必需而须要提取用款时，银行应及时主动与要求停止支付的单位联系，并根据实际情况，具体处理。

190. 侦查机关因侦查案件，向银行查询与案件直接有关的个人存款时，应办理哪些手续？

中国人民银行、最高人民法院、最高人民检察院、公安部、司法部 1980 年 11 月 22 日以〔1980〕银储字第 18 号向各省、市、自治区高级人民法院，人民检察院，公安厅，司法厅，中国人民银行各省、市、自治区分行联合发布的《关于查询、停止支付和没收个人在银行的存款以及存款人死亡后的存款过户或支付手续的联合通知》规定：

人民法院、人民检察院和公安机关因侦查、起诉、审理案件，需要向银行查询与案件直接有关的个人存款时，必须向银行提出县级和县级以上法院、检察院或公安机关正式查询公函，并提供存款人的有关线索，如存款人的姓名、存款日期、金额等情况；经银行县、市支行或市分行区办一级核对，指定所属储蓄所提供资料。查询单位不能径自到储蓄所查阅账册；对银行提供的存款情况，应保守秘密。

191. 侦查机关如何办理查询、冻结犯罪嫌疑人的存款、汇款？

2012 年 3 月 14 日第十一届全国人民代表大会第五次会议通过，2012 年 3 月 14 日发布的《中华人民共和国刑事诉讼法》规定：

人民检察院、公安机关根据侦查犯罪的需要，可以依照规定查询、冻结犯罪嫌疑人的存款、汇款、债券、股票、基金份额等财产。有关单位和个人应当配合。

犯罪嫌疑人的存款、汇款、债券、股票、基金份额等财产已被冻结的，不得重复冻结。

对查封、扣押的财物、文件、邮件、电报或者冻结的存款、汇款、债券、股票、基金份额等财产，经查明确实与案件无关的，应当在三日以内解除查封、扣押、冻结，予以退还。

《公安机关办理刑事案件程序规定》规定：

第 231 条：公安机关根据侦查犯罪的需要，可以依照规定查询、冻结犯罪嫌疑人的存款、汇款、债券、股票、基金份额等财产，并可以要求有关单位和个人配合。

第 232 条：向金融机构等单位查询犯罪嫌疑人的存款、汇款、债券、股票、基金份额等财产，应当经县级以上公安机关负责人批准，制作协助查询财产通知书，通知金融机构等单位执行。

第 233 条：需要冻结犯罪嫌疑人在金融机构等单位的存款、汇款、债券、股票、基金份额等财产的，应当经县级以上公安机关负责人批准，制作协助冻结财产通知书，通知金融机构等单位执行。

第 234 条：不需要继续冻结犯罪嫌疑人存款、汇款、债券、股票、基金份额等财产时，应当经县级以上公安机关负责人批准，制作协助解除冻结财产通知书，通知金融机构等单位执行。

192. 侦查机关采取技术侦查措施应该经过什么手续？

2012 年 10 月 16 日第十一届全国人民代表大会常务委员会第二十九次会议通过的《中华人民共和国人民警察法》规定：

公安机关因侦查犯罪的需要，根据国家有关规定，经过严格的批准手续，可以采取技术侦查措施。

193. 侦查机关对已经立案的刑事案件，应如何进行侦查？

“侦查”是指公安机关、人民检察院在办理案件过程中，依照法律进行的专门调查工作和有关的强制性措施。

2012 年 3 月 14 日第十一届全国人民代表大会第五次会议通过，2012 年 3 月 14 日发布的《中华人民共和国刑事诉讼法》规定：

公安机关对已经立案的刑事案件，应当进行侦查，收集、调取犯罪嫌疑人有罪或者无罪、罪轻或者罪重的证据材料。对现行犯或者重大嫌疑分子可以依法先行拘留，对符合逮捕条件的犯罪嫌疑人，应当依法逮捕。公安机关经过侦查，对有证据证明有犯罪事实的案件，应当进行预审，对收集、调取的证据材料予以核实。

《公安机关办理刑事案件程序规定》第 57 条规定：

公安机关必须依照法定程序，收集能够证实犯罪嫌疑人有罪或者无罪、犯罪情节轻重的各种证据。必须保证一切与案件有关或者了解案情的公民，有客观地充分地提供证据的条件，除特殊情况外，可以吸收他们协助调查。

公安机关在侦查犯罪的过程中，对现行犯或者重大嫌疑分子可以依法先行拘留，对符合逮捕条件的犯罪嫌疑人，应当依法逮捕。严禁在没有证据的情况下，仅凭怀疑就对犯罪嫌疑人采取强制措施。

公安机关侦查犯罪过程中，根据需要采用各种侦查手段和措施，应当严格依照法律规定的条件和程序进行。

194. 在哪些情况下，侦查机关可以进行侦查实验？

2012 年 3 月 14 日第十一届全国人民代表大会第五次会议通过，2012 年 3 月 14 日发布的《中华人民共和国刑事诉讼法》规定：

为了查明案情，在必要的时候，经公安机关负责人批准，可以进行侦查实验。

侦查实验的情况应当写成笔录，由参加实验的人签名或者盖章。

侦查实验，禁止一切足以造成危险、侮辱人格或者有伤风化的行为。

195. 侦查机关需要查明的案件事实包括哪些？

《公安机关办理刑事案件程序规定》第 65 条规定：

需要查明的案件事实包括：

（一）犯罪行为是否存在；

（二）实施犯罪行为的时间、地点、手段、后果以及其他情节；

（三）犯罪行为是否为犯罪嫌疑人实施；

（四）犯罪嫌疑人的身份；

（五）犯罪嫌疑人实施犯罪行为的动机、目的；

（六）犯罪嫌疑人的责任以及与其他同案人的关系；

（七）犯罪嫌疑人有无法定从重、从轻、减轻处罚以及免除处罚的情节；

（八）其他与案件有关的事实。

196. 对人民检察院不批准逮捕并通知补充侦查的，侦查机关应如何办理？

《公安机关办理刑事案件程序规定》第 134 条规定：

对于人民检察院不批准逮捕并通知补充侦查的，公安机关应当按照人民检察院的补充侦查提纲补充侦查。

公安机关补充侦查完毕，认为符合逮捕条件的，应当重新提请批准逮捕。

197. 对人民检察院退回补充侦查的案件，侦查机关分别做哪些处理？

《公安机关办理刑事案件程序规定》第 285 条规定：

对人民检察院退回补充侦查的案件，根据不同情况，报县级以上公安机关负责人批准，分别作如下处理：

（一）原认定犯罪事实清楚，证据不够充分的，应当在补充证据后，制作补充侦查报告书，移送人民检察院审查；对无法补充的证据，应当作出说明；

（二）在补充侦查过程中，发现新的同案犯或者新的罪行，需要追究刑事责任的，应当重新制作起诉意见书，移送人民检察院审查；

（三）发现原认定的犯罪事实有重大变化，不应当追究刑事责任的，应当重新提出处理意见，并将处理结果通知退查的人民检察院；

（四）原认定犯罪事实清楚，证据确实、充分，人民检察院退回补充侦查不当的，应当说明理由，移送人民检察院审查。

198. 侦查机关应当保障律师在侦查阶段依法从事哪些业务？

《公安机关办理刑事案件程序规定》规定：

第 40 条：公安机关应当保障辩护律师在侦查阶段依法从事下列执业活动：

（一）向公安机关了解犯罪嫌疑人涉嫌的罪名和案件有关情况，提出意见；

（二）与犯罪嫌疑人会见和通信，向犯罪嫌疑人了解案件有关情况；

（三）为犯罪嫌疑人提供法律帮助、代理申诉、控告；

（四）为犯罪嫌疑人申请变更强制措施。

第 41 条第 1 款：公安机关在第一次讯问犯罪嫌疑人或者对犯罪嫌疑人采取强制措施的时候，应当告知犯罪嫌疑人有权委托律师作为辩护人，并告知其如果因经济困难或者其他原因没有委托辩护律师的，可以向法律援助机构申请法律援助。告知的情形应当记录在案。

199. 侦查机关在侦查过程中，发现不应对犯罪嫌疑人追究刑事责任的，应如何处理？

2012 年 3 月 14 日第十一届全国人民代表大会第五次会议通过，2012 年 3 月 14 日发布的《中华人民共和国刑事诉讼法》规定：

在侦查过程中，发现不应对犯罪嫌疑人追究刑事责任的，应当撤销案件；犯罪嫌疑人已被逮捕的，应当立即释放，发给释放证明，并且通知原批准逮捕的人民检察院。

200. 侦查机关经过侦查，发现具有哪些情形的，应当撤销案件？

《公安机关办理刑事案件程序规定》第 183 条第 1 款规定：

经过侦查，发现具有下列情形之一的，应当撤销案件：

（一）没有犯罪事实的；

（二）情节显著轻微、危害不大，不认为是犯罪的；

（三）犯罪已过追诉时效期限的；

（四）经特赦令免除刑罚的；

（五）犯罪嫌疑人死亡的；

（六）其他依法不追究刑事责任的。

201. 侦查机关侦查实验的经过和结果，应制作哪些笔录？

《公安机关办理刑事案件程序规定》第 216 条第 2 款规定：

对侦查实验的经过和结果，应当制作侦查实验笔录，由参加实验的人签名。必要时，应当对侦查实验过程进行录音或者录像。

202. 侦查机关在不需要继续冻结犯罪嫌疑存款、汇款时，应制作哪些文书？

《公安机关办理刑事案件程序规定》第 234 条规定：

不需要继续冻结犯罪嫌疑人存款、汇款、债券、股票、基金份额等财产时，应当经县级以上公安机关负责人批准，制作协助解除冻结财产通知书，通知金融机构等单位执行。

203. 侦查机关应如何办理继续冻结手续？

《公安机关办理刑事案件程序规定》规定：

第 235 条：犯罪嫌疑人的存款、汇款、债券、股票、基金份额等财产已被冻结的，不得重复冻结，但可以轮候冻结。

第 236 条：冻结存款、汇款等财产的期限为六个月。冻结债券、股票、基金份额等证券的期限为二年。有特殊原因需要延长期限的，公安机关应当在冻结期限届满前办理继续冻结手续。每次续冻存款、汇款等财产的期限最长不得超过六个月；每次续冻债券、股票、基金份额等证券的期限最长不得超过二年。继续冻结的，应当按照本规定第二百三十三条的规定重新办理冻结手续。逾期不办理继续冻结手续的，视为自动解除冻结。

204. 海关走私犯罪侦查机关到银行或其他金融机构办理查询、冻结走私犯罪嫌疑人存款，应按哪些规定办理？

中国人民银行 1999 年 4 月 22 日以银发〔1999〕139 号向中国人民银行各分行、营业管理部，各政策性银行，各商业银行，全国性非银行金融机构、国家邮政局发布的《关于走私犯罪侦查机关查询、冻结走私犯罪嫌疑人存款适用〈关于查询、冻结、扣划企事业单位、机关、团体银行存款的通知〉的通知》规定：

为了加大打击走私犯罪活动的力度，经国务院批准，海关总署、公安部于 1999 年初组建了海关总署走私犯罪侦查局。为了保证走私犯罪侦查机关依法履行职责，最高人民法院、最高人民检察院、公安部、司法部、海关总署联合发出了《关于走私犯罪侦查机关办理走私犯罪案件适用刑事诉讼程序若干问题的通知》（署侦〔1998〕742 号），该通知明确，走私犯罪侦查机关在侦办走私犯罪案件过程中执行《公安机关办理刑事案件程序规定》，行使与公安机关相同的职权，负责其所在海关业务管辖区的走私犯罪案件的侦查、拘留、执行逮捕和预审工作。根据上述规定和《中华人民共和国刑事诉讼法》《中华人民共和国商业银行法》的规定，走私犯罪侦查机关可以按照中国人民银行、最高人民法院、最高人民检察院和公安部《关于查询、冻结、扣划企事业单位、机关、团体银行存款的通知》（银发〔1993〕356 号）的规定，到银行或其他金融机构查询、冻结与走私犯罪案件有关的存款。为此，对海关走私犯罪侦查机关到银行或其他金融机构办理查询、冻结走私犯罪嫌疑人存款，按照银发〔1993〕356 号文的规定，出具了有关法律手续的，各金融机构应予以协助配合。

205. 人民检察院如何对侦查活动中的违法取证进行监督和纠正？

最高人民检察院 1996 年 12 月 31 日发布的《关于刑事诉讼法律监督工作贯彻刑诉法若干问题的意见》规定：

人民检察院在侦查活动监督中，要注意对侦查机关通过违法的方法获取的证据的审查，发现和纠正侦查活动中的违法取证，对以刑讯、威胁、引诱、欺骗以及其他违法的方法收集的言词证据，不能作为指控犯罪的证据。人民检察院审查起诉部门在审查中发现侦查人员以违法方法收集言词证据的，应当提出纠正意见，要求侦查机关另行指派侦查人员重新调取证据。必要时人民检察院也可以自行调查取证。对于以违法的方法收集的实物证据，经审查核实，能够证明案件真实情况的，可以作为指控犯罪的证据。但人民检察院应当对违法取证行为提出纠正意见。对于在侦查活动中违法取证，构成犯罪的，应当依法追究刑事责任。

206. 人民检察院进行侦查活动监督的重点在哪些方面？

最高人民检察院 1996 年 12 月 31 日发布的《关于刑事诉讼法律监督工作贯彻刑诉法若干问题的意见》规定：

人民检察院依法对公安机关进行刑事侦查的行为是否合法，实行法律监督，这一监督贯穿于公安机关侦查工作的全过程，包括对公安机关实施各种侦查措施搜集证据，采取强制措施，缉拿犯罪嫌疑人等，主要包括：

（1）对犯罪嫌疑人刑讯逼供、诱供的；（2）对被害人、证人以体罚、威胁、诱骗等非法手段获取证言、搜集证据的；（3）伪造、隐匿、销毁、调换和私自涂改证据的；（4）有意制造冤、假、错案的；（5）徇私舞弊，放纵、包庇犯罪分子的；（6）在侦查、预审活动中利用职务之便谋取非法利益的；（7）贪污、挪用、调换赃款赃物及其孳息的；（8）违反刑事诉讼法关于采取、执行、变更、撤销强制措施规定的；（9）违反办案期限规定的；（10）其他违反刑事诉讼法有关规定的行为。

207. 人民检察院进行侦查活动监督可采用哪些方式？

最高人民检察院 1996 年 12 月 31 日发布的《关于刑事诉讼法律监督工作贯彻刑诉法若干问题的意见》规定：

人民检察院的侦查活动监督，主要是通过审查批捕、审查起诉而进行的，同时在参与公安机关的侦查活动，对案件进行补充侦查，以及受理举报和控告中，也可以发现公安机关侦查活动中的违法行为。要认真审查关于公安机关负责人回避的申请，在必要时派人参加公安机关对于重大案件的讨论；人民检察院在审查案件的时候，对于公安机关的勘验、检查，认为需要复验、复查时，可以要求公安机关复验、复查，并且可以派检察人员参加。对于已经发现的违法行为，应当分别情况予以纠正，对于一般的违法行为，可以采取口头提出纠正意见或发出《纠正违法通知书》的方式；对于情节严重、构成犯罪的，应当依法追究其刑事责任。当前，要特别加强对公安人员的执法监督，对于刑讯逼供、徇私舞弊情节严重的，由法纪检察部门依法查处。对于纠正公安机关在侦查活动中违法的通知，要注意公安机关的反馈，保证侦查监督的及时和有效。

对于公安机关不应当立案而立案侦查的，人民检察院应当向公安机关提出纠正违法意见。

208. 侦查机关第一次讯问犯罪嫌疑人，应查明哪些情况？

《公安机关办理刑事案件程序规定》第 198 条第 3 款规定：

第一次讯问，应当问明犯罪嫌疑人的姓名、别名、曾用名、出生年月日、户籍所在地、现住地、籍贯、出生地、民族、职业、文化程度、家庭情况、社会经历、是否属于人大代表、政协委员、是否受过刑事处罚或者行政处理等情况。

209. 侦查机关如何传唤犯罪嫌疑人？

《公安机关办理刑事案件程序规定》第 194 条规定：

传唤犯罪嫌疑人时，应当出示传唤证和侦查人员的工作证件，并责令其在传唤证上签名、捺指印。

犯罪嫌疑人到案后，应当由其在传唤证上填写到案时间。传唤结束时，应当由其在传唤证上填写传唤结束时间。犯罪嫌疑人拒绝填写的，侦查人员应当在传唤证上注明。

对在现场发现的犯罪嫌疑人，侦查人员经出示工作证件，可以口头传唤，并将传唤的原因和依据告知被传唤人。在讯问笔录中应当注明犯罪嫌疑人到案方式，并由犯罪嫌疑人注明到案时间和传唤结束时间。

对自动投案或者群众扭送到公安机关的犯罪嫌疑人，可以依法传唤。

210. 侦查机关讯问同案的犯罪嫌疑人，应如何进行？

《公安机关办理刑事案件程序规定》第 197 条规定：

讯问犯罪嫌疑人，必须由侦查人员进行。讯问的时候，侦查人员不得少于二人。

讯问同案的犯罪嫌疑人，应当个别进行。

211. 侦查人员讯问犯罪嫌疑人，应如何作好讯问笔录？

《公安机关办理刑事案件程序规定》规定：

第 200 条：侦查人员应当将问话和犯罪嫌疑人的供述或者辩解如实地记录清楚。制作讯问笔录应当使用能够长期保持字迹的材料。

第 201 条：讯问笔录应当交犯罪嫌疑人核对或者向他宣读。如果记录有遗漏或者差错，应当允许犯罪嫌疑人补充或者更正，并捺指印。笔录经犯罪嫌疑人核对无误后，应当由其在笔录上逐页签名、捺指印，并在末页写明“以上笔录我看过（或向我宣读过），和我说的相符”。拒绝签名、捺指印的，侦查人员应当在笔录上注明。

讯问笔录上所列项目，应当按照规定填写齐全。侦查人员、翻译人员应当在讯问笔录上签名。

212. 与案件有直接利害关系的人能否当证人？

最高人民法院 1957 年 6 月 22 日向河北省高级人民法院作出的《关于与案件有直接利害关系的人能否当证人问题的复函》规定：

你院和河北省司法厅今年 4 月 6 日“关于进一步贯彻各项审判制度和诉讼程序的指示”收悉。指示内称“与本案有直接利害关系的人，都不能当证人”。我们意见，除法律有特别规定外，一般公民不论他与案件有无直接利害关系都可以作为证人出庭作证。但在衡量他的证言时，应当对他与案件有直接利害关系一点，加以斟酌，采纳他的证言时需要慎重，真实可靠的证言仍可采用。

213. 侦查人员询问证人，应依哪些规定进行？

2012 年 3 月 14 日第十一届全国人民代表大会第五次会议通过，2012 年 3 月 14 日发布的《中华人民共和国刑事诉讼法》规定：

侦查人员询问证人，可以在现场进行，也可以到证人所在单位、住处或者证人提出的地点进行，在必要的时候，可以通知证人到人民检察院或者公安机关提供证言。在现场询问证人，应当出示工作证件，到证人所在单位、住处或者证人提出的地点询问证人，应当出示人民检察院或者公安机关的证明文件。询问证人应当个别进行。

询问证人，应当告知他应当如实地提供证据、证言和有意作伪证或者隐匿罪证要负的法律责任。

《公安机关办理刑事案件程序规定》规定：

第 205 条：询问证人、被害人，可以在现场进行，也可以到证人、被害人所在单位、住处或者证人、被害人提出的地点进行。在必要的时候，可以通知证人、被害人到公安机关提供证言。

询问证人、被害人应当个别进行。

在现场询问证人、被害人，侦查人员应当出示工作证件。到证人、被害人所在单位、住处或者证人、被害人提出的地点询问证人、被害人，应当经办案部门负责人批准，制作询问通知书。询问前，侦查人员应当出示询问通知书和工作证件。

第 206 条：询问前，应当了解证人、被害人的身份，证人、犯罪嫌疑人、被害人之间的关系。询问时，应当告知证人、被害人必须如实地提供证据、证言和有意作伪证或者隐匿罪证应负的法律责任。

侦查人员不得向证人、被害人泄露案情或者表示对案件的看法，严禁采用暴力、威胁等非法方法询问证人、被害人。

214. 侦查机关侦查人员勘查现场的任务是什么？

《公安机关办理刑事案件程序规定》第 211 条规定：

勘查现场，应当拍摄现场照片、绘制现场图，制作笔录，由参加勘查的人和见证人签名。对重大案件的现场，应当录像。

1979 年 4 月公安部修订的《刑事案件现场勘查规则》规定：

现场勘查是侦破刑事案件的首要任务，在刑事侦查工作中占有特别重要的位置。其任务是发现和搜集犯罪的痕迹、物证，研究分析案情，判断案件性质，确定侦查方向和范围，为破案提供线索和证据。

215. 侦查机关检查扣留邮件时，须办理哪些手续？

1990 年 11 月 12 日国务院令第 65 号发布的《中华人民共和国邮政法实施细则》规定：

因国家安全或者追查刑事犯罪需要，公安机关、国家安全机关、检察机关检查扣留邮件时，必须依法向相关县或者县级以上的邮政企业、邮电管理局出具相应的检查扣留通知书，并开列邮件的具体节目，办理检查扣留手续后，由邮政企业指派专人负责拣出，逐件登记后办理交接手续；对于不需要继续检查扣留或者查明与案件无关的邮件，应当及时退还邮政企业。邮件在检查期间造成丢失、损毁的，由相关的公安机关、国家安全机关、检察机关负责赔偿。

216. 侦查机关对在勘验、搜查中发现的哪些物品应当扣押？

《公安机关办理刑事案件程序规定》第 222 条规定：

在侦查活动中发现的可用以证明犯罪嫌疑人有罪或者无罪的各种财物、文件，应当查封、扣押；但与案件无关的财物、文件，不得查封、扣押。

持有人拒绝交出应当查封、扣押的财物、文件的，公安机关可以强制查封、扣押。

217. 侦查机关对扣押的物品、文件应如何清理？

《公安机关办理刑事案件程序规定》第 225 条规定：

对查封、扣押的财物和文件，应当会同在场见证人和被查封、扣押财物、文件的持有人查点清楚，当场开列查封、扣押清单一式三份，写明财物或者文件的名称、编号、数量、特征及其来源等，由侦查人员、持有人和见证人签名，一份交给持有人，一份交给公安机关保管人员，一份附卷备查。

对于无法确定持有人的财物、文件或者持有人拒绝签名的，侦查人员应当在清单中注明。

依法扣押文物、金银、珠宝、名贵字画等贵重财物的，应当拍照或者录像，并及时鉴定、估价。

218. 侦查机关对于应当扣押但是不便提取的物品，应如何处理？

《公安机关办理刑事案件程序规定》第 226 条规定：

对作为犯罪证据但不便提取的财物、文件，经登记、拍照或者录像、估价后，可以交财物、文件持有人保管或者封存，并且开具登记保存清单一式两份，由侦查人员、持有人和见证人签名，一份交给财物、文件持有人，另一份连同照片或者录像资料附卷备查。财物、文件持有人应当妥善保管，不得转移、变卖、毁损。

219. 侦查人员扣押犯罪嫌疑人的邮件、电报或者电子邮件，应当经什么部门批准？

2012 年 3 月 14 日第十一届全国人民代表大会第五次会议通过，2012 年 3 月 14 日发布的《中华人民共和国刑事诉讼法》规定：

侦查人员认为需要扣押犯罪嫌疑人的邮件、电报的时候，经公安机关或者人民检察院批准，即可通知邮电机关将有关的邮件、电报检交扣押。

不需要继续扣押的时候，应立即通知邮电机关。

《公安机关办理刑事案件程序规定》第 227 条规定：

扣押犯罪嫌疑人的邮件、电子邮件、电报，应当经县级以上公安机关负责人批准，制作扣押邮件、电报通知书，通知邮电部门或者网络服务单位检交扣押。

不需要继续扣押的时候，应当经县级以上公安机关负责人批准，制作解除扣押邮件、电报通知书，立即通知邮电部门或者网络服务单位。

220. 对于扣押的物品、文件、邮件、电报，经查明确实与案件无关的，应如何处理？

2012 年 3 月 14 日第十一届全国人民代表大会第五次会议通过，2012 年 3 月 14 日发布的《中华人民共和国刑事诉讼法》规定：

对查封、扣押的财物、文件、邮件、电报或者冻结的存款、汇款、债券、股票、基金份额等财产，经查明确实与案件无关的，应当在三日以内解除查封、扣押、冻结，予以退还。

221. 侦查机关聘请有专门知识的人进行刑事技术鉴定，应为鉴定人进行鉴定提供哪些条件？

《公安机关办理刑事案件程序规定》规定：

第 239 条第 2 款：需要聘请有专门知识的人进行鉴定，应当经县级以上公安机关负责人批准后，制作鉴定聘请书。

第 240 条：公安机关应当为鉴定人进行鉴定提供必要的条件，及时向鉴定人送交有关检材和对比样本等原始材料，介绍与鉴定有关的情况，并且明确提出要求鉴定解决的问题。

禁止暗示或者强迫鉴定人作出某种鉴定意见。

第 242 条：鉴定人应当按照鉴定规则，运用科学方法独立进行鉴定。鉴定后，应当出具鉴定意见，并在鉴定意见书上签名，同时附上鉴定机构和鉴定人的资质证明或者其他证明文件。

多人参加鉴定，鉴定人有不同意见的，应当注明。

222. 应当逮捕的犯罪嫌疑人如果在逃，侦查机关应采取哪些措施？

2012 年 3 月 14 日第十一届全国人民代表大会第五次会议通过，2012 年 3 月 14 日发布的《中华人民共和国刑事诉讼法》规定：

应当逮捕的犯罪嫌疑人如果在逃，公安机关可以发布通缉令，采取有效措施，追捕归案。

各级公安机关在自己管辖的地区内，可以直接发布通缉令；超出自己管辖的地区，应当报请有权决定的上级公安机关发布。

通缉令的发送范围，由签发通缉令的公安机关负责人决定。

223. 县级以上侦查机关可否直接发布通缉令？

《公安机关办理刑事案件程序规定》第 265 条规定：

应当逮捕的犯罪嫌疑人如果在逃，公安机关可以发布通缉令，采取有效措施，追捕归案。

县级以上公安机关在自己管辖的地区内，可以直接发布通缉令；超出自己管辖的地区，应当报请有权决定的上级公安机关发布。

通缉令的发送范围，由签发通缉令的公安机关负责人决定。

224. 有关侦查机关接到通缉令后，应如何布置查缉？

《公安机关办理刑事案件程序规定》第 268 条规定：

公安机关接到通缉令后，应当及时布置查缉。抓获犯罪嫌疑人后，报经县级以上公安机关负责人批准，凭通缉令或者相关法律文书羁押，并通知通缉令发布机关进行核实，办理交接手续。

225. 为防止犯罪嫌疑人逃往境外，需要在边防口岸采取边控措施的，应如何办理？

《公安机关办理刑事案件程序规定》第 269 条规定：

需要对犯罪嫌疑人在口岸采取边控措施的，应当按照有关规定制作边控对象通知书，经县级以上公安机关负责人审核后，层报省级公安机关批准，办理全国范围内的边控措施。需要限制犯罪嫌疑人人身自由的，应当附有关法律文书。

紧急情况下，需要采取边控措施的，县级以上公安机关可以出具公函，先向当地边防检查站交控，但应当在七日以内按照规定程序办理全国范围内的边控措施。

226. 在哪些情况下，侦查机关可以发布悬赏通告？

《公安机关办理刑事案件程序规定》第 270 条规定：

为发现重大犯罪线索，追缴涉案财物、证据，查获犯罪嫌疑人，必要时，经县级以上公安机关负责人批准，可以发布悬赏通告。

悬赏通告应当写明悬赏对象的基本情况和赏金的具体数额。

227. 通缉令、悬赏通告可通过哪些媒体发布？

《公安机关办理刑事案件程序规定》第 271 条规定：

通缉令、悬赏通告应当广泛张贴，并可以通过广播、电视、报刊、计算机网络等方式发布。

228. 犯罪嫌疑人自首、被击毙或者被抓获，原发布机关应如何撤销通缉令？

《公安机关办理刑事案件程序规定》第 272 条规定：

经核实，犯罪嫌疑人已经自动投案、被击毙或者被抓获，以及发现有其他不需要采取通缉、边控、悬赏通告的情形的，发布机关应当在原通缉、通知、通告范围内，撤销通缉令、边控通知、悬赏通告。

229. 侦查机关侦查终结的案件，应做到哪些要求？

2012 年 3 月 14 日第十一届全国人民代表大会第五次会议通过，2012 年 3 月 14 日发布的《中华人民共和国刑事诉讼法》规定：

公安机关侦查终结的案件，应当做到犯罪事实清楚，证据确实、充分，并且写出起诉意见书，连同案卷材料、证据一并移送同级人民检察院审查决定；同时将案件移送情况告知犯罪嫌疑人及其辩护律师。

230. 侦查机关侦查终结案件的处理，如何决定？

《公安机关办理刑事案件程序规定》第 276 条规定：

侦查终结案件的处理，由县级以上公安机关负责人批准；重大、复杂、疑难的案件应当经过集体讨论。

231. 侦查机关侦查终结后，向人民检察院移送案件时，只移送哪些诉讼材料？

《公安机关办理刑事案件程序规定》第 277 条规定：

侦查终结后，应当将全部案卷材料按照要求装订立卷。

向人民检察院移送案件时，只移送诉讼卷，侦查卷由公安机关存档备查。

232. 移送审查起诉的走私犯罪案件应具备哪些条件？

移送审查起诉的走私犯罪案件应具备以下条件：

1. 案件事实清楚；
2. 证据确实充分；
3. 案件性质和罪名认定准确；
4. 法律手续完备。

233.《起诉意见书》的制作有哪些要求？

《起诉意见书》必须准确地反映犯罪事实、情节，认定罪名和引用法律条文要准确，文字要简练，不得使用含混不清的语句、黑话或淫秽语言。

《起诉意见书》的内容包括首部、正文、尾部三个部分：

1. 首部包括制作文书的机关名称、文书名称、文书发文字号、犯罪嫌疑人的基本情况（依次写明姓名、性别、年龄、民族、籍贯、文化程度、单位及职业、住址）和违法犯罪经历及被采取强制措施的情况。

2. 正文主要写明犯罪嫌疑人犯罪的时间、地点、原因、动机、目的、手段和结果及其他情节。共同犯罪的案件，应写明各个犯罪嫌疑人在共同犯罪中的地位、作用、具体罪责和认罪态度以及犯罪嫌疑人之间的关系。

理由及法律依据部分应本着先实体法、后程序法，先引用法条、后叙述的原则。实体法部分，首先应写明有关定罪的条款，不仅要写明涉嫌罪名的条款，还要写明有关犯罪预备、未遂、中止及其他关系到定罪的条款，再写明相应的罪名，罪名应从重罪到轻罪依次排列。然后写明有关量刑情节的条款。程序法部分，应写明依据《刑诉法》第一百二十九条之规定，再叙述将本案移送审查，依法起诉的内容。

3. 尾部包括受文机关名称、制作日期、侦查支（分）局局长章和侦查机关印章。并附注犯罪嫌疑人被羁押或被监视居住、取保候审的地点，本案诉讼卷宗的册数和本案赃、证物情况。

单独犯罪案件的《起诉意见书》应制作 4 份，其中送人民检察院 3 份。共同犯罪、集团犯罪案件的《起诉意见书》应制作 5 份，移送人民检察院 4 份，存侦查工作卷 1 份。

234. 对于共同走私犯罪的案件，有同案犯罪嫌疑人在逃的，侦查机关能否将案件移送审查起诉？

对于共同走私犯罪的案件，有同案犯罪嫌疑人在逃的，如果在案犯罪嫌疑人犯罪事实清楚、证据确实充分的，侦查机关应当将在案犯罪嫌疑人移送审查起诉，但应将其案卷材料复制留存，待在逃犯罪嫌疑人归案后，对其另案起诉。

由于同案犯罪嫌疑人在逃，在案犯罪嫌疑人的犯罪事实无法查清，对在案犯罪嫌疑人应当根据案件不同情况分别提请延长侦查羁押期限、变更强制措施或者解除强制措施。

235. 对于有立功表现的犯罪嫌疑人，侦查机关在将其移送审查起诉时，应当做好什么工作？

犯罪嫌疑人有立功表现的，侦查人员应在诉讼卷内附上有关材料，作为对犯罪嫌疑人从轻、减轻或免除处罚的依据。

236.《补充侦查报告书》的制作有何要求？

《补充侦查报告书》主要应写明补充侦查结果、所附案卷的册数，补充证据材料的页数及随案移送的物证等。

《补充侦查报告书》一式二份，一份送人民检察院，一份连同人民检察院退回补充侦查决定书和补充侦查情况报告，订入侦查工作卷。

237. 对检察机关不起诉的走私案件，走私犯罪侦查机关应如何处理?

对于检察机关决定不起诉的走私案件，走私犯罪侦查机关应依照法律规定，视不同情况分别处理：

走私犯罪侦查机关认为不起诉的决定有错误的，应依照《刑事诉讼法》七十五条的规定，要求作出不起诉决定的检察机关进行复议，如果意见不被接受，可以向上一级人民检察院提请复核。对人民检察院决定不起诉而提出复议、复核的案件，如果犯罪嫌疑人在押的，应当立即释放。走私犯罪侦查机关对不起诉决定不申请复议、复核或虽申请了复议、复核但检察机关仍维持不起诉决定的，无论检察机关是否有随案制发《检察意见书》，都应依照《最高人民法院、最高人民检察院、公安部、司法部、海关总署关于走私犯罪侦查机关办理走私犯罪案件适用刑事诉讼程序若干问题的通知》（署侦〔1998〕742 号）第十条的规定，将案件移送海关调查部门处理。

238.《要求复议意见书》和《提请复核意见书》的制作都有何要求？

制作《要求复议意见书》和《提请复核意见书》都要写明要求复议、复核案件的简要情况，复议、复核的理由和法律依据及其要求。

《要求复议意见书》应制作一式二份，一份送地（市）级人民检察院审查决定，一份存侦查工作卷备查。

《提请复核意见书》应制作一式二份，一份送省级人民检察院审查决定，一份存侦查工作卷备查。

对检察机关的复核决定，侦查人员应当订入侦查工作卷备查。

239. 在审查起诉走私普通货物、物品刑事案件工作中，如何掌握《刑事诉讼法》第一百七十三条第二款规定的不起诉条件？

根据《刑事诉讼法》第一百七十三条第二款规定，人民检察院决定不起诉的刑事案件应当同时具备两个条件：一是犯罪情节轻微；二是依照刑法规定不需要判处刑罚或者免除刑罚。

按照《最高人民法院关于审理走私刑事案件具体应用法律若干问题的解释》第十条的规定，对个人和单位犯走私普通货物、物品和走私可用作原料的固体废物罪的，偷逃税额已经达到法定的定罪起刑点，依照刑法规定对有关的个人处以三年以下有期徒刑或者拘役并对个人或者单位判处罚金的，如果犯罪嫌疑人或者单位具有刑法规定的不需要判处刑罚或者免除刑罚的情节，人民检察院可以依照刑事诉讼法第一百七十三条第二款的规定，依法作出不起诉决定。

人民检察院根据刑事诉讼法第一百七十三条第二款规定作出不起诉决定的案件，应当提出给予行政处罚的检察意见，连同不起诉决定书一并移送有关走私犯罪侦查机关处理，走私犯罪侦查机关应当将处理结果及时通知人民检察院。

第五章 外国人犯罪案件的办理

240. 涉外刑事案件指哪些？

最高人民法院2012年12月20日以法释〔2012〕21号发布的《关于适用〈中华人民共和国刑事诉讼法〉若干问题的解释》规定：

涉外刑事案件是指：

（一）在中华人民共和国领域内，外国人犯罪的或者我国公民侵犯外国人合法权利的刑事案件；

（二）符合刑法第七条、第十条规定情形的我国公民在中华人民共和国领域外犯罪的案件；

（三）符合刑法第八条、第十条规定情形的外国人对中华人民共和国国家或者公民犯罪的案件；

（四）符合刑法第九条规定情形的中华人民共和国在所承担国际条约义务范围内行使管辖权的案件。

241. 外国人的国籍如何确认？

《公安机关办理刑事案件程序规定》规定：

第347条：外国籍犯罪嫌疑人的国籍，以其在入境时持用的有效证件予以确认；国籍不明的，由出入境管理部门协助予以查明。国籍确实无法查明的，以无国籍人对待。

第348条：确认外国籍犯罪嫌疑人身份，可以依照有关国际条约或者通过国际刑事警察组织、警务合作渠道办理。确实无法查明的，可以按其自报的姓名移送人民检察院审查起诉。

242. 需要限制已入境的外国人出境或者限制中国公民出境的，应当注意哪些问题？

最高人民法院、最高人民检察院、公安部、国家安全部 1987 年 3 月 10 日联合发布的《关于依法限制外国人和中国公民出境问题的若干规定》规定：

需要限制已入境的外国人出境或者限制中国公民出境的，必须严格依照法律规定执行。在执行中应当注意：凡能尽早处理的，不要等到外国人或中国公民临出境时处理；凡可以通过其他方式处理的，不要采取扣留证件的办法限制出境；凡能在内地处理的，不要到出境口岸处理，要把确需在口岸阻止出境的人员控制在极少数。

243. 限制外国人或中国公民出境的审批权限如何确定？

最高人民法院、最高人民检察院、公安部、国家安全部 1987 年 3 月 10 日联合发布的《关于依法限制外国人和中国公民出境问题的若干规定》规定：

限制外国人或中国公民出境的审批权限：

（一）公安机关和国家安全机关认定的犯罪嫌疑人或有其他违反法律的行为尚未处理并需要追究法律责任的，其限制出境的决定需经省、自治区、直辖市公安厅、局或国家安全厅、局批准。

（二）人民法院或人民检察院认定的犯罪嫌疑人或有其他违反法律的行为尚未处理并需要追究法律责任的，由人民法院或人民检察院决定限制出境并按有关规定执行，同时通报同级公安机关。

（三）国家安全机关对某些外国人或中国公民采取限制出境措施时，要及时通报公安机关。

（四）有未了结民事案件（包括经济纠纷案件）的，由人民法院决定限制出境并执行，同时通报公安机关。

（五）对其他需要在边防口岸限制出境的人员，可按 1985 年公安部、国家安全部《关于做好入出境查控工作的通知》（〔85〕公发 24 号文件）精神办理。

244. 侦查机关在限制外国人和中国公民出境时，可以分别采取哪些办法？

最高人民法院、最高人民检察院、公安部、国家安全部 1987 年 3 月 10 日联合发布的《关于依法限制外国人和中国公民出境问题的若干规定》规定：

人民法院、人民检察院、公安机关和国家安全机关在限制外国人和中国公民出境时，可以分别采取以下办法：

（一）向当事人口头通知或书面通知，在其案件（或问题）了结之前，不得离境；

（二）根据案件性质及当事人的具体情况，分别采取监视居住或取保候审的办法，或令其提供财产担保或交付一定数量保证金后准予出境；

（三）扣留当事人护照或其他有效出入境证件。但应在护照或其他出入境证件有效期内处理了结，同时发给本人扣留证件的证明。人民法院、人民检察院或国家安全机关扣留当事人护照或其他有效出入境证件，如在出入境证件有效期内不能了结的，应当提前通知公安机关。

245. 侦查机关对某些不准出境的外国人和中国公民，需在边防检查站阻止出境的，应办理哪些手续？

最高人民法院、最高人民检察院、公安部、国家安全部 1987 年 3 月 10 日联合发布的《关于依法限制外国人和中国公民出境问题的若干规定》规定：

人民法院、人民检察院、国家安全机关及公安机关对某些不准出境的外国人和中国公民，需在边防检查站阻止出境的，应填写《口岸阻止人员出境通知书》。在本省、自治区、直辖市口岸阻止出境的，应向本省、自治区、直辖市公安厅、局交控。在紧急情况下，如确有必要，也可先向边防检查站交控，然后按《关于依法限制外国人和中国公民出境问题的若干规定》的规定，补办交控手续。控制口岸超出本省、自治区、直辖市的，应通过有关省、自治区、直辖市公安厅、局办理交控手续。

最高人民法院 1998 年 9 月 2 日以法释〔1998〕23 号发布的《关于执行〈中华人民共和国刑事诉讼法〉若干问题的解释》规定：

对需要在边防检查站阻止外国人和中国公民出境的，人民法院应当填写口岸阻止人员出境通知书。控制口岸在本省、自治区、直辖市的，应当向本省、自治区、直辖市公安厅（局）办理交控手续。控制口岸不在本省、自治区、直辖市的，应当通过有关省、自治区、直辖市公安厅（局）办理交控手续。在紧急情况下，如确有必要，也可以先向边防检查站交控，然后补办交控手续。

246. 对外交信使可否逮捕或者拘留？

1986 年 9 月 5 日第六届全国人民代表大会常务委员会第十七次会议通过的《中华人民共和国外交特权与豁免条例》规定：

外交信使必须持有派遣国主管机关出具的信使证明书。外交信使人身不受侵犯，不受逮捕或者拘留。

临时外交信使必须持有派遣国主管机关出具的临时信使证明书，在其负责携带外交邮袋期间，享有与外交信使同等的豁免。

商业飞机机长受委托可以转递外交邮袋，但机长必须持有委托国官方证明文件，注明所携带的外交邮袋件数。机长不得视为外交信使。使馆应当派使馆人员向机长接交外交邮袋。

247. 外国人犯罪案件，由何处侦查机关立案侦查？

《公安机关办理刑事案件程序规定》规定：

第 351 条：外国人犯罪案件，由犯罪地的县级以上公安机关立案侦查。

第 352 条：外国人犯中华人民共和国缔结或者参加的国际条约规定的罪行后进入我国领域内的，由该外国人被抓获地的设区的市一级以上公安机关立案侦查。

第 353 条：外国人在中华人民共和国领域外的中国船舶或者航空器内犯罪的，由犯罪发生后该船舶或者航空器最初停泊或者降落地、目的地的中国港口的县级以上交通或民航公安机关或者该外国人居住地的县级以上公安机关立案侦查；未设交通或者民航公安机关的，由地方公安机关管辖。

第 354 条：外国人在国际列车上犯罪的，由犯罪发生后列车最初停靠的中国车站所在地、目的地的县级以上铁路公安机关或者该外国人居住地的县级以上公安机关立案侦查。

第 355 条：外国人在中华人民共和国领域外对中华人民共和国国家或者公民犯罪，应当受刑罚处罚的，由该外国人入境地或者入境后居住地的县级以上公安机关立案侦查；该外国人未入境的，由被害人居住地的县级以上公安机关立案侦查；没有被害人或者是对中华人民共和国国家犯罪的，由公安部指定管辖。

248. 侦查机关如何办理外国人犯罪案件？

《公安机关办理刑事案件程序规定》规定：

第 345 条：办理外国人犯罪案件，应当严格依照我国法律、法规、规章，维护国家主权和利益，并在对等互惠原则的基础上，履行我国所承担的国际条约义务。

第 350 条：公安机关办理外国人犯罪案件使用中华人民共和国通用的语言文字。犯罪嫌疑人不通晓中国语言文字的，公安机关应当为他翻译。

249. 发生重大的或者可能引起外交交涉的外国人犯罪案件，侦查机关应如何办理？

《公安机关办理刑事案件程序规定》第 356 条规定：

发生重大或者可能引起外交交涉的外国人犯罪案件的，有关省级公安机关应当及时将案件办理情况报告公安部，同时通报同级人民政府外事办公室。必要时，由公安部商外交部将案件情况通知我国驻外使馆、领事馆。

250. 需要对外国人采取拘留、监视居住、取保候审的，侦查机关应如何办理？

《公安机关办理刑事案件程序规定》规定：

第 357 条：对外国籍犯罪嫌疑人依法作出取保候审、监视居住决定或者执行拘留、逮捕后，应当在四十八小时以内层报省级公安机关，同时通报同级人民政府外事办公室。重大涉外案件应当在四十八小时以内层报公安部，同时通报同级人民政府外事办公室。

第 358 条：对外国籍犯罪嫌疑人依法作出取保候审、监视居住决定或者执行拘留、逮捕后，由省级公安机关根据有关规定，将其姓名、性别、入境时间、护照或者证件号码、案件发生的时间、地点，涉嫌犯罪的主要事实，已采取的强制措施及其法律依据等，通知该外国人所属国家的驻华使馆、领事馆，同时报告公安部。经省级公安机关批准，领事通报任务较重的副省级城市公安局可以直接行使领事通报职能。

外国人在公安机关侦查或者执行刑罚期间死亡的，有关省级公安机关应当通知该外国人国籍国的驻华使馆、领事馆，同时报告公安部。

未在华设立使馆、领事馆的国家，可以通知其代管国家的驻华使馆、领事馆；无代管国家或者代管国家不明的，可以不予通知。

251. 侦查机关侦查终结前，外国驻华外交、领事官员要求探视被监视居住、拘留、逮捕或者正在服刑的本国公民的，侦查机关应如何办理？

《公安机关办理刑事案件程序规定》第 360 条规定：

公安机关侦查终结前，外国驻华外交、领事官员要求探视被监视居住、拘留、逮捕或者正在看守所服刑的本国公民的，应当及时安排有关探视事宜。犯罪嫌疑人拒绝其国籍国驻华外交、领事官员探视的，公安机关可以不予安排，但应当由其本人提出书面声明。

在公安机关侦查羁押期间，经公安机关批准，外国籍犯罪嫌疑人可以与其近亲属、监护人会见、与外界通信。

252. 对外国籍犯罪嫌疑人采取强制措施的同时，可否扣留其护照？

2012 年 12 月 20 日最高人民法院发布的《最高人民法院关于适用〈中华人民共和国刑事诉讼法〉的司法解释》规定：

人民法院决定限制外国人和中国公民出境的，应当书面通知被限制出境的人在案件审理终结前不得离境，并可以采取扣留护照或者其他出入境证件的办法限制其出境；扣留证件的，应当履行必要手续，并发给本人扣留证件的证明。

253. 对外国人犯罪应如何追究刑事责任？

2012 年 3 月 14 日第十一届全国人民代表大会第五次会议通过，2012 年 3 月 14 日发布的《中华人民共和国刑事诉讼法》规定：

对于外国人犯罪应当追究刑事责任的，适用刑事诉讼法的规定。

2015 年 8 月 29 日修订的《中华人民共和国刑法》规定：

凡在中华人民共和国领域内犯罪的，除法律有特别规定的以外，都适用本法。

凡在中华人民共和国船舶或者航空器内犯罪的，也适用本法。

犯罪的行为或者结果有一项发生在中华人民共和国领域内的，就认为是在中华人民共和国领域内犯罪。

中华人民共和国公民在中华人民共和国领域外犯本法规定之罪的，适用本法，但是按本法规定的最高刑为三年以下有期徒刑的，可以不予追究。

中华人民共和国国家工作人员和军人在中华人民共和国领域外犯本法规定之罪的，适用本法。

外国人在中华人民共和国领域外对中华人民共和国国家或者公民犯罪，而按本法规定的最低刑为三年以上有期徒刑的，可以适用本法，但是按照犯罪地的法律不受处罚的除外。

对于中华人民共和国缔结或者参加的国际条约所规定的罪行，中华人民共和国在所承担条约义务的范围内行使刑事管辖权的，适用本法。

254. 对外国籍犯罪嫌疑人聘请律师有哪些规定？

《公安机关办理刑事案件程序规定》第 359 条规定：

外国籍犯罪嫌疑人委托辩护人的，应当委托在中华人民共和国的律师事务所执业的律师。

第六章　刑事司法协助和警务合作

255. 侦查机关和外国警察机关如何办理刑事司法协助和劳务合作？

根据中华人民共和国缔结或者参加的国际条约和公安部签订的双边合作协议，或者按照互惠原则，我国公安机关和外国警察机关可以相互请求刑事司法协助和警务合作。

公安机关进行刑事司法协助和警务合作，我国缔结或者参加的国际条约和公安部签订的合作协议有规定的，按照条约和协议的规定办理，但是我国声明保留的条款除外，无相应条约和协议规定的，按照互惠原则通过外交途径或国际刑事警察组织进行。

公安机关应当在相互尊重国家主权和平等互惠的基础上，与有关国家的警察机关相互进行刑事司法协助和警务合作。

公安部是公安机关进行刑事司法协助、警务合作的中央主管机关，地方各级公安机关依照职责分工办理刑事司法协助事务和警务合作事务。

其他司法机关在办理刑事案件中，需要外国警方协助的，应当通过其中央主管机关与公安部联系办理。

地方公安机关需要请求外国警方提供刑事司法协助或者警务合作的，应当按照有关条约或者合作协议的规定提出刑事司法协助或者警务合作请求书，所附文件及相应译文，经省、自治区、直辖市公安机关审核后报送公安部审批。

办理引渡案件，依照国家关于引渡的法律和规定执行。

256. 侦查机关进行刑事司法协助和警务合作的范围，主要包括哪些？

《公安机关办理刑事案件程序规定》第 365 条规定：

公安机关进行刑事司法协助和警务合作的范围，主要包括犯罪情报信息的交流与合作，调查取证，送达刑事诉讼文书，移交物证、书证、视听资料或者电子数据等证据材料，引渡、缉捕和递解犯罪嫌疑人、被告人或者罪犯以及国际条约、协议规定的其他刑事司法协助和警务合作事宜。

257. 负责执行刑事司法协作或者警务合作的侦查机关收到刑事司法协助或者警务合作请求书和所附材料后，应如何执行？

《公安机关办理刑事案件程序规定》第 368 条规定：

负责执行刑事司法协助或者警务合作的公安机关收到请求书和所附材料后，应当按照我国法律和有关国际条约、协议的规定安排执行，并将执行结果及其有关材料报经省级公安机关审核后报送公安部。

在执行过程中，需要采取查询、查封、扣押、冻结等措施的，可以根据公安部的执行通知办理有关法律手续。

请求书提供的信息不准确或者材料不齐全难以执行的，应当立即通过省级公安机关报请公安部要求请求方补充材料；因其他原因无法执行或者具有应当拒绝协助、合作的情形等不能执行的，应当将请求书和所附材料，连同不能执行的理由通过省级公安机关报送公安部。

258. 侦查机关提供刑事司法协助和警务合作的期限如何确定？

《公安机关办理刑事案件程序规定》第 369 条规定：

执行刑事司法协助和警务合作，请求书中附有办理期限的，应当按期完成。未附办理期限的，调查取证应当在三个月以内完成；送达刑事诉讼文书，应当在十日以内完成。不能按期完成的，应当说明情况和理由，层报公安部。

259. 侦查机关需要通过国际刑警组织缉捕罪犯或者犯罪嫌疑人、查询资料、调查取证的，应如何办理？

《公安机关办理刑事案件程序规定》第370条规定：

需要请求外国警方提供刑事司法协助或者警务合作的，应当按照有关国际条约、协议的规定提出刑事司法协助或者警务合作请求书，所附文件及相应译文，经省级公安机关审核后报送公安部。

260. 侦查机关提供或者请求外国提供刑事司法协助或警务合作，应否收取费用？

《公安机关办理刑事案件程序规定》第372条规定：

公安机关提供或者请求外国提供刑事司法协助或者警务合作，应当收取或者支付费用的，根据有关国际条约、协议的规定，或者按照对等互惠的原则协商办理。

261. 侦查机关在境外追逃、追赃等工作如何开展？

根据《海关总署缉私局关于加强境外追逃、追赃等工作的通知》（缉私局便函〔2014〕70号）规定：

（一）海关境外追逃、追赃工作是涉外工作，属总署事权。未经海关总署缉私局批准，各局不得自行对外联络，与境外执法机关开展合作。

（二）加强境外追逃、追赃工作力度。对符合逮捕条件逃往境外的走私犯罪嫌疑人，办案单位除采取全国边控、网上追逃措施外，要在提请检察机关批捕后，报总署缉私局通过国际刑警组织办理国际通报。各局要认真做好在逃走私犯罪嫌疑人信息的搜集更新和后续跟进工作，特别注意搜集赃款转移境外的信息，以便为开展境外缉捕、追赃创造条件。

（三）做好宣布出入境证照作废工作。对境外藏匿地明确、缉捕条件较好、与有关国家和地区协商具备引渡或遣返条件的在逃内地籍走私犯罪嫌疑人，按照《中华人民共和国普通护照和出入境通行证签发管理办法》第十七、十八及十九条相关规定，可视办案需要采取宣布其所持出入境证照作废措施。

采取此措施应报经总署缉私局审批后，前往当地证照签发机关办理，必要时也可报总署缉私局通过公安部办理。

此外，对工作中查获外籍人员符合《中华人民共和国出境入境管理法》第二十五条不准入境规定情形的，应当按照公安部《关于进一步规范查控工作的函》（公境检〔2013〕1343号）的有关规定，及时填写《不准入境人员报列表》上报总署缉私局，由总署缉私局报公安部办理，通过地方公安机关办理的，要及时报总署缉私局备案。

第七章 实 体

262. 什么是单位犯罪？有何特征？

单位犯罪是指公司、企业、事业单位、机关、团体的决策机构集体研究决定或者由负责人员决定所进行的，在《刑法》上有明文规定的严重危害社会的行为。

从上述定义可以看出，单位犯罪具有如下几个特征：

（一）单位犯罪是以公司、企业、事业单位、机关、团体的名义实施的。简单地说，就是以单位的名义实施的。如果不是以单位名义，而是以个人名义实施的，则不是单位犯罪。根据最高人民法院1999年6月18日通过的《关于审理单位犯罪案件具体应用法律有关问题的解释》的规定，这里的“公司、企业、事业单位”，既包括国有、集体所有的公司、企业、事业单位，也包括依法设立的合资经营、合作经营企业和具有法人资格的独资、私营等公司、企业、事业单位。但是，个人为进行违法犯罪活动而设立的公司、企业、事业单位实施犯罪的，或者公司、企业、事业单位设立后，以实施犯罪为主要活动的，不以单位犯罪论处。所谓公司，是指根据《公司法》第二条规定的有限责任公司和股份有限公司。所谓企业，是指除公司以外从事生产、运输、贸易等经营活动，实行独立经济核算的单位。所谓事业单位，是指受国家机关领导，从事社会各项事业，拥有独立经费或财产的各种社会组织。所谓机关，是指从事公共事务管理活动，行使国家权力的部门，包括国家权力机关、行政机关、司法机关和军事机关等。所谓团体，是指为了一定的宗旨自愿组成，进行某种社会活动的合法组织。

这里还有一个问题，在刑法界引起了广泛的争议，即单位的范围究竟有多大？或者说，单位是仅指具有法人资格的大单位，还是应包括法人之下的二级机构。有些书籍在解释这里的单位时，指出这些单位一般都能以自己的资产或名义，对外开展活动，并享有相应的权利和承担应尽的义务。至于一级单位之下不具有独立资格的分支机构，则不能作为刑法意义上的单位来对待。我们认为，把这里的单位限定为“能以自己的资产和名义对外开展活动，并享有相应的权利和承担应尽的义务”的一级单位，把“不具有独立资格的分支机构”排除在单位之外，不符合《刑法》第三十条的立法精神。因为这种限定，实际上是把单位等同于法人。在《刑法》修改过程中，也有的学者建议将单位犯罪直接规定为法人犯罪。但立法机关正是考虑到把单位犯罪的主体限定为法人范围过窄，才决定规定为单位犯罪，而不是法人犯罪。可见，从立法精神上讲，这里的单位既包括具有法人资格的法人单位，也包括法人之下的职能机构和部门。

此外，根据最高人民法院 1999 年 6 月 18 日通过的司法解释的规定，盗用单位名义实施犯罪，违法所得由实施犯罪的个人私分的，依照《刑法》按自然人犯罪的规定定罪处罚。

（二）单位犯罪必须实施了严重的危害社会的行为。这里并不强调实施危害社会行为的目的是不是为了本单位谋取非法利益。从司法实践看，绝大多数实施犯罪的单位都是为了本单位谋取非法利益。但是，即使不是为本单位谋取非法利益，也同样构成犯罪。

（三）单位犯罪必须是经单位决策机构集体研究作出决定或者是由负责人员作出决定。单位犯罪与自然人犯罪一样，也必须有主观罪过。但是，单位犯罪的主观罪过与自然人犯罪的主观罪过不同。其区别主要在于，单位罪过是一种集体的意识和意志的表现，而自然人罪过则是个人意识和意志的表现，但二者又有一定的联系。即单位罪过离不开自然人罪过，或者说单位罪过的形成源于自然人，是单位内部自然人个人的意识和意志的一种集合。这种集合一经形成，又会超越自然人，成为超个人意识、意志能力的一种集体意志。因此，单位罪过常常表现为单位决策机构集体研究决定或者是单位负责人的决定。从这个意义上讲，单位罪过相对于自然人罪过，既有独立性，又有依附性，是独立性与依附性的辩证统一。

（四）单位犯罪必须有法律的明文规定。这里所说的明文规定，是指刑法分则对某种具体犯罪行为的规定。如果刑法分则中没有对某种具体行为规定为单位犯罪，那么，单位实施此种行为时，就不能认定为犯罪。

263. 如何追究单位犯罪的刑事责任？

我国《刑法》对单位犯罪原则上采用双罚制，单罚制为例外情况。从我国《刑法》对单位犯罪处罚的情况来看，绝大部分都是双罚制。双罚制是当今世界刑法学界普遍认可的一种处罚单位犯罪的较为理想的处罚体制。

因为单位与自然人在属性上的差异，所以单位承担刑事责任的方法与自然人承担刑事责任的方法并不相同。单位不具有自然人的自然属性，不能适用自由刑和死刑，而只能适用财产刑和资格刑。我国刑法对单位犯罪只规定了财产刑而没有规定资格刑，这一立法缺陷还有待于日后完善，但是对单位犯罪的责任人员，当然可以适用自由刑和死刑。

根据《刑法》规定，单位犯罪主体中自然人包括两部分人。一是直接负责的主管人员；二是其他直接责任人员。所谓“直接负责的主管人员”，是指在单位犯罪中负有领导责任的人员。这一人员具有以下两个条件：（1）单位的领导。如果不是单位的领导，那么他不可能成为这一人员。负有领导责任并不是一定要是单位的主要领导才行。任何一单位都包括一个领导机构，由这一机构形成单位决意，都可满足第一个条件的要求；（2）与单位犯罪具有直接的联系，所谓“有直接联系”，又可从两方面说明：其一，参与和接受单位犯罪犯意的形成，未表示反对；其二，其领导或主管的部门在其领导下，直接参与了单位犯罪行为的实施。对单位犯罪负有直接责任，是追究单位犯罪中领导人员刑事责任的基础，我们认为，单位领导人员对单位犯罪负有直接责任主要分三种情况：

一是属于决策人。单位犯罪的决策人是单位犯罪意图、犯罪计划、犯罪阴谋的创制者，是决定单位犯罪的最高领导。作为单位领导人员的犯罪决策人一般不直接参与实施具体的犯罪行为，而是在决定犯罪后利用领导权指使具体的职能部门及其下属人员去实现犯罪计划。这里有几个问题要明确：其一，有些单位犯罪并不是一两个领导决定，而是由领导集体决策的结果。对于这种情况，我们当然不能将领导机构的每一成员都列为直接负责的主管人员。而统统追究他们的刑事责任，而只能将这个领导机构中的主要领导或主要负责人作为“直接负责的主管人员”而追诉。如公司的总经理或董事会的董事长。其二，有些单位犯罪是受上级领导的指令而实施的，在这种情况下，上级领导成为单位犯罪负有直接责任的主管人员，而本单位的领导人员则成为单位犯罪中的其他直接责任人员。其三，单位的主要领导，如国家机关中的正职、工厂的厂长、公司的董事长或总经理等，如果与本单位的单位犯罪没有直接联系，则不负刑事责任。例如，某国家机关中副职在未向正职请示汇报的情况下，擅自决定本单位收受某企业的财物并为之谋取利益。

二是事后对单位犯罪予以认可的领导人员。有些单位犯罪，事前并没有经过单位领导集体或决策机构的讨论研究，也未经某一领导的决定和同意，而是由某个部门或某些人先行决定。单位进行犯罪后，才向领导说明。在这种情况下，如果被告之单位犯罪的领导人员明确表示反对意见，并设法阻止犯罪，积极挽回损失，不承担刑事责任。反之，如果对已经发生的单位犯罪予以首肯和认可，则成为对单位犯罪负直接责任的主管人员而必须承担罪责。如某企业的财会人员，事先背着单位的领导，采取伪造账簿和记账凭证，在账簿上多列支出的方法进行偷税，当全部犯罪完成后将偷税的手段、数额等告诉了自己的主管领导，主管领导不仅未表示反对，而且表扬了该财会人员为单位赢得了利益。事先不知情，仅仅因为事后表示认可而承担罪责，这是法人犯罪中自然人的罪过形式与一般犯罪中自然人的罪过形式的重大区别，是在追究法人犯罪中体现罪责自负原则的一个特殊方式。这一点，也往往是容易被人们所忽视的。正因为如此，我们在司法实践中一定要特别注意，不使那些对单位犯罪事后认可从而起着鼓励犯罪的作用的单位领导人员逃脱罪责。

三是对法人犯罪负有不可推卸责任的领导人员。有些单位的领导人员对本单位的犯罪活动事先没有参与决策，未独立决定，事后也没有认可表示，但仍然要负领导责任。主要有两种情况：一种是疏于管理，对工作严重不负责任，不执行本单位或本行业以及其他有关的规章制度，致使所属部门放任自流，公然进行单位犯罪活动。另一种是对本单位的犯罪采取放任的态度，表现为已经有所发现或有所意识本单位正在进行犯罪，但既不制止，也不过问，听之任之，事后亦不究问，使法人犯罪在其不干预的情况下得以完成。

对于上述第三种情况是否可以视为单位犯罪中“直接负责的主管人员”而追究其刑事责任，尚存在不同意见。一种意见认为，所谓“直接负责的主管人员”，是指与单位犯罪有直接联系，并对单位犯罪的发生起指使、策划、决定作用的领导人员。这些人在单位犯罪中表现为积极的作为，通过其领导职权、行政命令，直接追求犯罪结果的发生。而由于玩忽职守没有发现法人犯罪或者发现了未予及时制止的领导人员，在单位犯罪中表现为被动的、消极的不作为，与单位犯罪的发生没有必然的因果关系，也不直接追求危害结果的发生，因此，不应承担刑事责任。另一种观点认为，对于单位犯罪采取放任态度的单位领导人，可以视为对单位犯罪负有直接责任，因为放任本身就是故意的一种。但是，仅仅是因为工作上严重不负责任、玩忽职守而在客观上为单位犯罪提供了方便与可能，则不应视为对单位犯罪负有直接责任。

因而，对法律规定的单位犯罪中“直接负责的主管人员”不能作机械、片面的理解。首先，单位的领导人，对单位的一切经营活动和业务行为都负有责任，无论这些经营活动与业务行为是合法的还是非法的。其次，作为单位的领导人员，约束本单位遵守国家法律是其应尽的职责，放弃这种职责而使单位犯罪畅行无阻，当然应负失职的责任。而这种责任表现在刑法中当然就是刑事责任。

单位犯罪中的“其他直接责任人员”，一般是指直接实施单位犯罪的行为，具体完成法人犯罪计划的人。“直接责任人员”有这样几个特点：

（一）单位犯罪中的“直接责任人员”大都是单位内部某些职能部门的具体工作人员，一般不属于单位的领导人员。例如，单位内部的财会人员、业务员、外贸单位的报关员等。

（二）单位犯罪中的“直接责任人员”都是在上级有关领导的指使、安排或命令下参与和从事单位犯罪活动的。他们一般不参与单位犯罪的决策，不是单位犯罪的决定因素。从他们的表现来看，一般都是秉承领导集体或某些领导人员的旨意，或者在上级领导的批准下，以完成本职工作的形式，具体完成法人犯罪计划的。

（三）单位犯罪中的“直接责任人员”因具体实施了犯罪计划，是单位犯罪中的行为因素，而对单位犯罪负直接的责任。在这里应当特别注意的是，具体实施单位犯罪与在单位犯罪的某个环节上作为职业而从事某项具体工作是有重大区别的。前者将整个单位犯罪作为自己的行为目的并积极地促使其实现，而后者则仅仅是从事某项具体的工作，而这些具体的工作不可能对整个法人犯罪的实现起决定作用。

（四）单位犯罪中的“直接责任人员”参与单位犯罪的目的，一般是使所在单位获得非法利益，并且实际上这种非法利益确由单位所有和使用。假如是以单位的名义犯罪，但犯罪所得由个人支配和使用，则实质上是个人犯罪。

单位犯罪中的“直接责任人员”承担刑事责任的基础，是他们主观上有与单位一致的犯罪故意，客观上作为单位的化身而具体实施了单位犯罪。也正因为如此，他们与单位犯罪中的“直接负责的主管人员”一样，都是单位犯罪中的一个不可分割的整体，它们的结合，有机地构成了单位犯罪的主体。

264. 对不具有法人资格的单位的分支机构或者内设机构、部门实施的犯罪行为能否以单位犯罪追究其刑事责任？

根据《中华人民共和国最高人民法院研究室关于对不具有法人资格的单位的分支机构或者内设机构、部门实施的犯罪行为能否以单位犯罪追究其刑事责任问题的复函》（法研〔2001〕23 号）的精神，不具有法人资格的单位的分支机构或者内设机构、部门，以该分支机构或者内设机构、部门的名义实施犯罪行为，违法所得归分支机构或者内设机构、部门所有的，可以单位犯罪追究其刑事责任。

265. 境外公司能否作为单位犯罪主体被追究刑事责任？

对有证据能够证明境外公司（包括外国公司，下同）以公司身份从事或者参与走私犯罪活动，且证明该公司的合法主体资格的，可以单位犯罪追究境外公司的刑事责任；经侦查所获得的证据无法证明境外公司以单位身份从事或者参与走私犯罪活动，或者无法证明境外公司合法资格的，则以个人犯罪认定，追究行为人个人的刑事责任。

266. 什么是主犯？如何确认主犯的刑事责任？

所谓主犯就是指组织、领导犯罪集团进行犯罪活动的或者在共同犯罪中起主要作用的犯罪分子。根据上述规定，主犯可以分为两类：其一，在集团犯罪中起组织和领导作用的犯罪分子；其二，在共同犯罪中起主要作用的犯罪分子。这第二类主犯不仅存在于集团犯罪中，也存在于一般的共同犯罪中。此种主犯具体又可分为以下四种：（1）犯罪集团中的非组织者、领导者，但在实行犯罪时起主要作用的犯罪分子；（2）非以首要分子为构成要件的聚众犯罪，在犯罪中起组织、策划、指挥作用的首要分子；（3）以首要分子为构成要件的聚众犯罪中有数个首要分子时，其中起主要作用的首要分子；（4）在一般共同犯罪中起主要作用的犯罪分子。根据我国《刑法》第二十六条规定“对组织、领导犯罪集团的首要分子，按照集团所犯的全部罪行处罚。对于第三款规定以外的主犯，应当按照其所参与的或者组织、指挥的全部犯罪处罚”。

267. 什么是从犯？和主犯如何区分？

从犯是指在共同犯罪中起次要作用或者辅助作用的犯罪分子。从定义中我们可以看出，法律将次要作用与辅助作用并列在一起规定。因此，我国刑法中的从犯包括帮助犯，又不仅限于帮助犯，还包括在共同犯罪中起次要作用的实行犯。根据我国刑法规定，从犯可以分为两类：

一是在共同犯罪中起次要作用的犯罪分子，这是指次要的实行犯。所谓次要的实行犯是相对于主要的实行犯而言的，是指虽然直接参加了实施犯罪的行为，但在整个犯罪活动中起次要作用。

二是在共同犯罪中起辅助作用的犯罪分子，这是指帮助犯。所谓帮助犯，是相对于实行犯而言的，指没有直接参加犯罪的实行，但为实行犯的犯罪创造便利条件的犯罪分子，在共同犯罪中起辅助作用。如提供犯罪工具、窥探被害人行踪、指点犯罪地点和路线等。

在司法实践中，除个别共同犯罪案件中的各共同犯罪人在共同犯罪中的作用不相上下，应当都认定为主犯外，在大多数共同犯罪中，都存在主犯与从犯的区别。二者主要有以下不同：

（一）在共同犯罪中的地位不同，主犯在共同犯罪中居于主导支配地位，而从犯则处于从属地位。

（二）实际参加犯罪的程度不同，主犯大多参加了全部犯罪活动，而从犯一般只参与实施一部分犯罪活动。

（三）具体罪行的大小不同。从主观上看，一般都是主犯形成犯罪故意，而从犯只是接受主犯的犯罪意图。从客观上说，主犯参与实施的犯罪行为对于共同犯罪的完成具有关键作用，而从犯起次要或辅助作用。因而主犯罪行大，而从犯则较小。

（四）对危害结果产生所起的作用不同，在共同犯罪中，各共同犯罪人的行为与危害结果的产生都存在因果关系，但因力的大小不同，那些对危害结果产生所起的作用较大的共同犯罪人是主犯，否则就是从犯。

268. 如何确认从犯的刑事责任？

关于从犯的刑事责任，《刑法》第二十七条第二款规定“对于从犯，应当从轻、减轻处罚或者免除处罚”。所谓从轻、减轻处罚或者免除处罚是相对于主犯而言。实践中应当注意以下几点：

（一）主犯犯有数罪，从犯只参与其中一罪的，应当对主犯所犯数罪分别定罪量刑，然后参照与从犯共犯之罪的刑罚，对从犯予以从轻、减轻或者免予处罚，而不是比照主犯数罪并罚后的刑罚，对从犯予以从轻、减轻或者免予处罚。

（二）主犯是连续犯，从犯只参加其中一起犯罪的，不能简单地比照主犯处罚，而是要以主犯与从犯共犯的一起犯罪为根据，对从犯比照这一起犯罪应负的刑事责任从轻、减轻处罚或者免除处罚。

（三）主犯具有其他从重或者从轻、减轻处罚和免除处罚情节的，对从犯应当比照主犯从重或者从轻、减轻处罚或免除处罚以前应当判处的刑罚从轻、减轻处罚或者免除处罚。

（四）从犯具有从重、从轻、减轻情节的，应当在比照主犯从轻、减轻处罚或者免除处罚以后再从重、从轻、减轻处罚。

269. 什么是胁从犯？有何特征？

所谓胁从犯是指被胁迫参加犯罪的犯罪分子。胁从犯是不愿意或者不完全愿意参加共同犯罪活动的，只是在主犯的威逼、强制下，参加了共同犯罪。一般来说，胁从犯在共同犯罪中处于被动的地位，罪行较轻、所起的作用较小，危害性最小。与其他共同犯罪人相比，胁从犯主要有以下特征：

（一）胁从犯是被胁迫参加犯罪的。共同犯罪人中，虽然主犯与从犯在共同犯罪中所起的作用不同，但在主观上都是自觉自愿地参加犯罪的。犯意虽然由一个人发起，但通过犯意交流，取得了一致。至于教唆犯，其本人虽然不参与犯罪的实行，但他是犯罪的发起者。因此，这些共同犯罪人在共同犯罪中都居于主动的地位。而胁从犯则有所不同。胁从犯不仅本来没有犯罪意图，而且在受到胁迫时，也不完全愿意犯罪。

（二）胁从犯不仅是被胁迫参加犯罪的，而且在共同犯罪中其作用比较小。胁从犯在共同犯罪的活动中，处于从属地位，其所起的作用在一般情况下，比从犯还要小，在个别情况下，也可能等于从犯。当然，同时我们也应指出，我们所说胁从犯所起的作用较小，这是从他行为的社会危害程度上来说的。至于从分工上看，胁从犯的共同犯罪行为既可能是实行行为，也可能是帮助行为。

270. 什么是自首？构成条件是什么？

自首，是指犯罪分子犯罪以后，自动投案，如实供述自己的罪行的行为。成立自首必须具备以下条件：

（一）自动投案。这是自首成立的本质条件。所谓“自动投案”，是指犯罪事实或者犯罪嫌疑人未被司法机关发觉，或者虽然被发觉，但犯罪嫌疑人尚未受到讯问、未被采取强制措施时，主动、直接向公安机关、人民检察院或者人民法院投案。自动投案包括以下几种情形：（1）犯罪分子主动、直接向公安、检察或者审判机关投案；（2）犯罪嫌疑人向其所在单位、城乡基层组织或者其他负责人员投案；（3）犯罪嫌疑人因病、伤或者为了减轻犯罪后果，委托他人先代为投案，或者先以信电投案；（4）罪行尚未被司法机关发觉，仅因形迹可疑，被有关组织或者司法机关盘问、教育后，主动交代自己的罪行；（5）犯罪后逃跑，在被通缉、追捕过程中，主动投案；（6）准备去投案或者正在投案途中，被公安机关捕获；（7）虽非出于犯罪嫌疑人主动，而是经亲友规劝，陪同投案；（8）公安机关通知犯罪嫌疑人的亲友，或者其亲友主动投案，将犯罪嫌疑人送去投案。犯罪分子自动投案后又逃跑的，不可认为是自首。

（二）如实供述自己的罪行。这是自首成立的重要条件。所谓“如实供述自己的罪行”，是指犯罪嫌疑人投案后，如实交代自己的主要犯罪事实。有的犯有数罪的犯罪分子对部分犯罪事实供述不实，或者没有供述，但对其他犯罪事实作了如实供述，则只对如实供述的部分犯罪行为认定为自首。对于共同犯罪案件的犯罪嫌疑人，除如实供述自己的罪行外，还应当供述所知的同案犯，是主犯的，则应当供述所知其他同案犯的共同犯罪事实，才能认定为自首。有些犯罪分子如实供述自己的罪行后又翻供的，这种情况不能认定为自首。但在一审判决前又能如实供述的，应认定为自首。

《刑法》第 67 条及 1998 年 4 月 6 日最高人民法院《关于处理自首和立功具体应用法律若干问题的解释》均没有将“接受审查和裁判”明文规定或解释为自首成立的条件，但它是“自动投案、如实供述自己的罪行”的题中之意，是自首的必然要求。尤其是司法解释认为犯罪嫌疑人自动投案后又逃跑的，不能认定为自首，更清楚地表明了这一要求。

以上二条件是构成自首的必备条件，是认定自首的常规通例。

自首除常规形式外，也有特殊形式。这就是刑法第 67 条第 2 款规定的“被采取强制措施的犯罪嫌疑人、被告人和正在服刑的罪犯，如实供述司法机关还未掌握的本人其他罪行的，以自首论”。这种自首制度的特征是：

（一）对象是已被采取强制措施的犯罪嫌疑人、被告人和正在服刑的罪犯。所谓强制措施是指《刑事诉讼法》规定的拘传、取保候审、监视居住、拘留、逮捕等五种措施。由于犯罪嫌疑人、被告人和正在服刑的罪犯已被采取强制措施，已经在案，因而不存在自动投案问题，不具备自动投案这一条件，这是区别于常规自首的一个特点。

（二）供述的罪行是司法机关尚未掌握的罪行。他们被采取强制措施或被判刑，表明他们已知道自己的部分罪行被司法机关掌握了，对于这一部分罪行不存在“如实供述”问题。只有供述这些罪行以外的，即司法机关还未掌握的罪行，才具有如实供述自己罪行的性质。

271. 自首与坦白如何区别？

坦白通常是指罪行已被有关组织或者司法机关发觉，并对其进行传讯或者采取强制措施等，犯罪嫌疑人、被告人如实供认这些罪行的行为。坦白和自首都是犯罪分子犯罪后的悔罪态度，但二者在悔罪的程度上有差别，在刑法理论上二者是不同的概念。二者的主要区别是：（1）自首是主动投案；坦白是被动归案。在这一点上，坦白与自首的特殊形式是有区别的。（2）自首是在犯罪事实或者犯罪人尚未被司法机关发觉时即如实供述自己的罪行，或在被采取强制措施后，如实供述司法机关尚未掌握的其他罪行。坦白是在罪行已被有关组织或者司法机关发觉，并对其进行传讯或者采取强制措施后，如实供认这些罪行的。（3）在司法实践中，自首是法定情节，而坦白是酌定情节。

272. 自首以后应如何处理？

我国《刑法》第 67 条规定“对于自首的犯罪分子，可以从轻或者减轻处罚。其中，犯罪较轻的，可以免除处罚”。根据我国《刑法》的这一规定，对于自首的，一般应从宽处罚。自首是可以从轻或者减轻处罚，而不是应当从轻或者减轻处罚。至于是否从轻或减轻，则应根据罪行的轻重、自首的具体情节、犯罪分子的主观恶性、犯罪造成的危害后果的大小以及投案的早晚、投案的动机、投案的客观条件、供述罪行的程度等，区别对待，决定从轻或者减轻处罚。其中犯罪较轻的，可以免除处罚。

被采取强制措施的犯罪嫌疑人、被告人和已宣判的罪犯，如实供述司法机关尚未掌握的罪行，与司法机关已掌握的或者判决确定的罪行属同种罪行的，可以酌情从轻处罚。如实供述的同种罪行较重的，一般应当从轻处罚。

273. 什么是立功？立功有哪些表现形式？

所谓立功是指犯罪分子归案后，揭发他人犯罪行为，提供重要线索，从而得以侦破其他案件，协助司法机关抓捕其他罪犯，在押期间制止他人犯罪活动以及其他有利于国家和社会的突出表现的行为。

立功行为的表现形式是多种多样的，具体包括以下几种表现形式：

（一）揭发、检举他人犯罪行为并且查证属实的。构成这种立功，必须具备以下条件：（1）必须有检举、揭发他人犯罪行为的行为。揭发、检举的不是犯罪行为，则不属于立功表现。（2）检举、揭发的是他人的犯罪行为。这是立功与自首或者坦白的界限。共同犯罪案件中的犯罪分子到案后，揭发同案犯共同犯罪以外的其他犯罪，属立功表现。若共同犯罪案件的犯罪分子揭发同案犯共同犯罪事实，不属于立功，但可以酌情予以从轻处罚。（3）揭发、检举他人的犯罪行为，必须经过查证属实，即必须是客观真实存在的。如果揭发他人的犯罪行为无法查证或查无实据的，不认为是立功。

（二）提供侦破其他案件的重要线索，从而得以侦破其他案件的行为。构成这种立功必须同时具备以下条件：（1）向司法机关及有关单位或个人提供重要线索；（2）提供的是其他案件的线索；（3）提供的线索必须查证属实，从而得以侦破其他案件。同时具备上述三个条件，可以定为立功。

（三）阻止他人犯罪活动的行为，这一立功表现主要发生在狱内。

（四）协助司法机关抓捕其他犯罪嫌疑人的行为。协助司法机关抓捕同案犯的也以立功论。

（五）其他有利于国家和社会的突出表现。例如，有发明创造或重大技术革新的行为；在日常生活、生产中舍己救人的行为；在抗御自然灾害或排除事故中，有突出表现等。

274. 什么是重大立功？立功以后如何处理？

根据我国《刑法》的规定，立功可分为一般立功和重大立功两种。重大立功包括以下几种表现形式：

（一）犯罪分子检举、揭发他人重大犯罪行为，经查证属实。所谓“重大犯罪行为”，是指犯罪嫌疑人、被告人可能判处无期徒刑以上刑罚的犯罪行为。

（二）提供侦破其他重大案件的重要线索，经查证属实。

（三）阻止他人重大犯罪活动。

（四）协助司法机关抓捕其他重大犯罪嫌疑人，包括同案犯。

（五）对国家和社会有其他重大贡献等表现。

以上所称“重大犯罪”“重大案件”“重大犯罪嫌疑人”的标准，一般是指犯罪嫌疑人、被告人可能被判处无期徒刑以上刑罚或者案件在本省、自治区、直辖市或者全国范围内有较大影响等情形。

立功的种类不同，反映出犯罪分子悔改的程度和对社会的贡献程度大小不同，因此，对其处刑的原则也有差异。根据《刑法》第68条的规定有一般立功表现的，可以从轻或者减轻处罚；有重大立功表现的，可以减轻或者免除处罚；犯罪后自首又有重大立功表现的，应当减轻或者免除处罚。

275. 一罪与数罪如何区别？

数罪并罚首先牵涉到的一个问题就是一人的行为到底是定一罪还是定

数罪。一般的情况下，一人犯的一罪还是数罪是一目了然的，但有时却很难区分。

我们认为，区分一罪与数罪只能以犯罪构成为标准。确定一罪还是数罪，不能孤立地强调主观或者客观的某一方面，而应把主观要件与客观要件结合起来考虑。凡是行为人基于一个故意或过失的行为，具备一个犯罪构成的就是一罪；基于数个故意或过失的行为，具备数个犯罪构成的就是数罪。

276. 数罪并罚的概念与原则是什么？

根据我国《刑法》规定，数罪并罚，是指人民法院对犯罪分子一人所犯的数个罪，分别定罪量刑，然后按照法定的原则和方法，决定应当执行的刑罚。

一人犯有数罪决定应当执行的刑罚，应当遵循一定的准则，这关系到正确适用刑罚，预防和打击犯罪问题。我国《刑法》总结了新中国成立以来适用数罪并罚的经验，在《刑法》第 69 条中具体地规定了数罪并罚的原则：

（一）对二人所犯数罪中，有判处死刑或者无期徒刑的，采取吸收原则，即数罪中其他各罪所判的主刑，由于被死刑或者无期徒刑吸收，只执行死刑或无期徒刑，其他主刑不再执行。这是由死刑和无期徒刑的性质决定的。

（二）对二人所犯数罪分别判处有期徒刑、拘役、管制，采取限制加重原则，即在总和刑期以下，数刑中最高刑期以上，酌情决定执行的刑期。但是，管制最高不能超过 3 年，拘役最高不能超过 1 年，有期徒刑最高不能超过 20 年。

（三）数罪中判处附加刑的，附加刑仍须执行。人所犯数罪分别并处不同的附加刑，如罚金、剥夺政治权利、没收财产，按合并原则处理，即都须执行。

以上情况说明，我国《刑法》中关于数罪并罚采取的是综合原则，或称混合原则。

277. 什么是时效？追诉期限如何确定？

刑法上的时效，是指《刑法》规定的国家对犯罪人的刑事追诉权和刑罚执行权在一定期限内有效的制度。在一定期限内，国家不行使刑事追诉权或刑罚执行权，超过期限，这种权力即归于消灭，对犯罪人不得追诉或刑罚不得执行。刑法上的时效分为追诉时效和行刑时效。在我国《刑法》中只规定了追诉时效，没有规定行刑时效。我国《刑法》中的追诉时效，是指我国《刑法》规定的对犯罪分子追究刑事责任的有效期限。除特别规定外，超过法定追诉期限的，不得再对犯罪人进行追诉，已经追究的，应当撤销案件，或者不起诉，或者终止审理。

我国《刑法》第87条规定，犯罪经过下列期限不再追诉：

（一）法定最高刑为不满5年有期徒刑的，经过5年；

（二）法定最高刑为5年以上不满10年有期徒刑的，经过10年；

（三）法定最高刑为10年以上有期徒刑的，经过15年；

（四）法定最高刑为无期徒刑、死刑的，经过20年。如果20年以后认为必须追诉的，须报请最高人民检察院核准。

在此，《刑法》对追诉期限作了具体规定，罪行越重，法定刑越高，追诉期限也就越长。由于刑法分则对某些罪由不同的条款或者在同一条文中规定了几个刑罚幅度，因此，如何确定追诉期限的关键问题在于如何理解《刑法》所规定的“最高法定刑”。我国《刑法》对犯罪的追诉期限还有一个特别规定，即法定最高刑为无期徒刑、死刑的犯罪，如果20年以后，认为必须追诉的，须报请最高人民检察院核准。

278. 什么是追诉时效的延长？

追诉时效的延长，是指由于发生了法律规定的事由，追诉期限延伸的制度。

根据我国《刑法》第88条规定，我国追诉时效延长的法定事由是犯罪人在人民检察院、公安机关、国家安全机关立案侦查或者在人民法院受理案件以后，逃避侦查或者审判的。所谓“立案侦查以后”，是指人民检察院、公安机关、国家安全机关依照刑事诉讼法的规定，按照自己的管辖范围，对发现犯罪事实或发现犯罪嫌疑人的案件予以立案、侦查，收集、调取有罪无罪、罪轻罪重的证据之日起。所谓“人民法院受理案件以后”，是指在刑事自诉案件中，人民法院接受自诉人的刑事诉状，并决定进行审查的诉讼活动之后，仅仅是受理，并不意味着刑事诉讼的正式启动，只有在受理之后，经人民法院审查认为自诉人起诉成立，并决定审理后，一审程序才算正式开始。对于何谓“逃避侦查或审判”，《刑法》没有进行解释，仅仅从字面上理解，又会使时效制度因其存在而名存实亡。对于犯罪人而言，除作案后立即自首外，没有不想逃避侦查和审判的。如果仅从字面上理解，只要一立案，就不存在追诉时效问题了，这有违时效制度的原旨。所以我们认为，认定“逃避侦查或审判”只能从犯罪分子的行为来认定，一般来说犯罪分子有以下行为可以认为是逃避侦查和审判：（1）隐姓埋名。犯罪分子犯罪之后，正常地外出经商、打工，并不隐姓埋名，也未隐瞒打工地址的，不应以逃避侦查或审判论处。假如犯罪分子犯罪之后，没有逃跑、隐藏，而是仍然在原居住地照常生活。虽然司法机关立案之后长时间内破不了案，直到追诉时效过了之后，才侦破案件，也不能按逃避侦查和审判论处。（2）在司法机关对之采取强制措施之后逃跑或隐藏。（3）在法院通知应诉之后逃跑、隐藏的。犯罪分子在立案侦查和法院受理案件后，逃避侦查和审判，追诉时效无限延长。

279. 追诉期限如何起算？

根据我国《刑法》第 89 条的规定，追诉期限的起算可以分为以下几种情况：

（一）即成犯的追诉期限起算。即成犯是指犯罪行为实施完毕以后，犯罪即告结束的犯罪，这种犯罪既不存在犯罪行为的继续，也不存在不法状态的继续。例如杀人罪，把人杀死，犯罪即告结束。对于即成犯，由于犯罪结果与犯罪行为同时发生，因此，追诉期限从犯罪之日起计算。

（二）隔时犯的追诉期限起算。所谓隔时犯是指犯罪的实行与作为犯罪构成要件的结果发生在不同时间的犯罪。我国《刑法》对隔时犯的犯罪时间没有明文规定。我们认为，以结果的发生作为犯罪时间更为适当，因为隔时犯的犯罪结果是犯罪构成的必要要件。犯罪结果没有发生，则尚未构成犯罪，尚未构成犯罪，则没有犯罪时间可言。另外，以犯罪结果发生之日作为追诉时效的犯罪之日，能有效地与犯罪作斗争。

（三）连续犯的追诉期限起算，连续犯是指基于同一的犯罪故意，连续数次实施犯罪行为，触犯同种罪名的情况。例如，甲由于工作关系与单位领导发生争吵而怀恨在心，蓄意报复。一日甲先把领导乙的儿子杀死，第二天，又到领导丙家，将其妻儿全部杀死。在这种情况下，追诉期限，应以最后一次犯罪行为终止时计算。

（四）继续犯的追诉期限的起算。继续犯又称持续犯，是指犯罪行为在一定时间内处于继续状态的犯罪。例如非法拘禁，从行为人非法把他人拘禁起来开始，一直到恢复他人的人身自由的时候为止，非法拘禁行为处于继续状态。继续犯的特点是不法行为与不法状态同时继续，而不仅仅是犯罪行为所造成的不法状态的继续。对于继续犯，追诉期限从犯罪行为终了之日起计算。

280. 时效中断如何认定与处理？

追诉时效的中断，是指在追诉时效进行期间，因发生法律规定的事由而使已经经过的时效归于无效，追诉期限从法律规定的事由发生之日起重新开始计算的制度。根据我国《刑法》第 89 条第 2 款的规定，我国时效中断的法定事由是“又犯罪”。所谓“又犯罪”，包括故意犯罪、过失犯罪、重罪、轻罪，与前罪的同种的犯罪或不同种的犯罪，无论什么罪，只要又犯罪，前罪的追诉期限中断，其追诉期限从犯后罪之日起重新计算。

281. 走私罪有哪些行为特征？

认定走私罪，应当注意把握该罪的两个行为特征：一是进出境行为违反《海关法》及有关法律、行政法规。即违反《海关法》及有关法律、行政法规中关于国家对外贸易管制，进出口税收管理的各种规定。如果行为人的行为没有违反《海关法》及有关行政法规，即使其逃避海关监管，运输、携带或者邮寄货物、物品进出境，其行为也不构成走私犯罪。二是行为人逃避海关监管。所谓逃避海关监管，是指采取非法的方式逃避海关的监督、管理和检查。如果行为人违反了《海关法》及有关行政法规，但没有逃避海关监管，而是如实向海关申报并接受检查，其行为也不构成走私犯罪。因此，违反《海关法》及有关法律、行政法规，逃避海关监管，这是构成走私犯罪必不可少的两个前提条件，二者缺一不可。

282. 走私犯罪具体表现为哪几种方式？

当前，走私犯罪主要有以下几种表现方式：

（一）绕关走私，也称闯关走私，即未经国务院或者国务院授权的机关批准，从未设立海关的地点或者不经过海关，运输、携带国家禁止进出境的货物、物品或者依法应当缴纳税款的货物、物品进出境的。

（二）通关走私，即通过设立海关的地点进出境，但采取伪报（品名、价格、数量、规格、贸易方式、原产国别等）、瞒报、伪装、藏匿等手段，逃避海关的监督、管理和检查，运输、携带、邮寄国家禁止进出境的货物、物品或者依法应当缴纳税款的货物、物品进出境的。

（三）后续走私，也称变相走私，即未经海关许可并且未补缴税款，擅自将保税进口或者特定减税、免税进口的，以及其他尚未办结海关手续的海关监管货物、物品在境内销售的。

（四）海（水）上走私，即在内海、领海、界河、界湖以及与内海、领海相通的可航水域，运输、贩卖、收购国家禁止或者限制进出口的货物、物品，数额较大，没有合法证明的。

（五）间接走私，即直接向走私人非法收购国家禁止进出口物品，或者直接向走私人非法收购走私进口的禁止进口的货物、物品，数额较大的。

283. 走私案件获取证据的措施主要有哪些？

证据是证明和惩罚走私犯罪的依据。无论采取何种侦查途径开展侦查活动，都要结合案件特点，采取措施获取证据、保全证据，才能充分准确地揭露、证明犯罪，从而犯罪分子才会受到法律制裁。走私案件获取证据的措施主要有：

（一）缉查走私物。走私物品是走私案件的重要证据。缉查的途径主要有以下几种：

（1）通过对进、出海关的货物检查获取走私物品。

（2）通过控制中转站、黑窝点，查获私货。

（3）通过海上巡逻和重点控制，缉查走私物品。

（二）搜集物证、书证。为了收集走私犯罪的证据，侦查中可对重大走私犯罪嫌疑人的住所、办公场所、落脚点以及可能隐藏私货的黑窝点，依法进行搜查，从中起获赃物和其他罪证。搜查结束后，制作搜查笔录和填写《扣押物品清单》，作为证据材料附卷。

（三）物证技术鉴定。侦查走私案件，要充分发挥科学技术的作用，扩大收取证据范围。

（1）在海关查私时，可利用金属探测法、X 射线扫描法等现代化的科学技术手段，对进出口货物进行检查，从中发现私货和危险品、违禁品。

（2）对于查获的走私物品中的可疑的鸦片、海洛因、吗啡、冰毒以及其他注射剂等毒品中，用肉眼难以分辨，同时为判明其纯度、毒性，也必须进行物证技术鉴定，通过物理、化学方法认定其性质、检测其纯度，鉴别是毒品还是其他物品，确定该物品的名称和成分，防止犯罪分子转移视线，移花接木。

（3）对于与走私案件有关的伪造的合同、批文、账册、票据、报关单、商品检验证书、身份证、护照等，可以运用紫外线、红外线、分色照相、光谱分析方法来鉴别真伪，确定伪造事实和伪造方法，运用笔迹鉴定认定伪造文书的书写人。另外，提取走私物品及其包装物上的痕迹、指纹等，以便与重大走私犯罪嫌疑人的指纹和其他痕迹进行同一认定，从而破获走私案件。

（四）讯问犯罪嫌疑人。对于捕获的走私犯罪分子，要尽快审讯，弄清犯罪事实，落实证据，搞清犯罪关系。采取边审讯边取证的方法，查清犯罪同伙、走私路线、联络点、窝主等情况，抓住时机，迅速及时地取证破案。对已破案件的犯罪分子要抓住不放，深挖余罪，获取其他犯罪案件线索，扩大战果。

284. 走私犯罪是否必须以牟利为目的？如何理解以牟利为目的？

走私犯罪的主观方面除了某些特殊情况下如帮助走私可以由间接故意构成外，一般情况下都由直接故意构成。由直接故意构成的走私犯罪存在一个是否须以牟利为目的的问题。

我们认为，走私犯罪在客观方面表现为各种性质不完全相同的走私行为，如有的表现在走私对象的性质不同，有的表现为走私的方式不一样。针对不同的走私行为，行为人表现出的犯罪目的很难说是一致的。有鉴于此，《刑法》采取了比较灵活的做法，对不同走私行为的主观方面作了不同的规定，即要求走私淫秽物品的，必须具有以牟利或者传播为目的才能构成犯罪。对于未经海关许可并且未补缴应缴税额，在境内擅自出售保税货物或者特定减税、免税货物、物品的，要求必须是为了牟利的才能构成犯罪。除此之外，对于其他形式的走私行为，法律没有规定特定的目的作为构成犯罪的条件。因此，在认定走私犯罪的主观方面时，除故意是其必须具备的要件外，对于是否必须具备特定的犯罪目的才能构成犯罪，要根据不同形式的走私行为具体分析，而不能一概论之。

《刑法》第154条规定的走私罪，是以擅自销售保税货物或者特定减免税货物为表现方式的走私普通货物、物品罪。认定该罪，应当以是否偷逃应缴税额为要件。该条（一）（二）项规定的“销售牟利”，是指通过擅自销售海关监管的保税货物、特定减免税货物而牟取利益。无论获利与否或者获利多少，只要在立案前未经海关批准，且未补缴应缴税额在10万元以上（单位在20万元以上）的，都应当依照《刑法》第153条的规定追究刑事责任。

285. 如何认定共同走私犯罪？

二人以上共同走私构成犯罪的，属于共同走私犯罪。按照共同犯罪的一般理论，构成共同走私犯罪必须具备下列条件：

（一）必须是两个以上主体共同实施犯罪。共同走私犯罪，既可以是单位与单位的共同犯罪，可以是单位与自然人的共同犯罪，也可以是自然人与自然人的共同犯罪。其中作为自然人，必须是年满16周岁、具有刑事责任能力的人。如果是教唆、利用不满16周岁或者其他不具备刑事责任能力的人实施走私犯罪的，不成立共同犯罪，由教唆、利用者负全部责任，属于刑法理论上的“间接正犯”。

（二）在主观上具有共同的走私犯罪故意。即所有主体对共同走私行为具有同一认识，对其行为所造成的危害社会结果持希望或者放任的心理态度。每个主体不仅认识到自己在故意实施走私犯罪，并且还认识到其他犯罪人和自己一起共同配合实施走私犯罪，各犯罪人之间在主观上的意思联络明显。

（三）在客观上具有共同的走私犯罪行为。即各个犯罪人在参加共同走私犯罪时，不论其分工如何，参与程度如何，所有犯罪人的行为是有机联系的。每个共同走私犯罪人的行为与走私犯罪完成都具有因果关系，所有共同走私犯罪人的行为是走私犯罪完成的原因。共同犯罪行为具体可分为实行行为、组织行为、教唆行为和帮助行为四种，相应地理论上可以将共犯分为实行犯、教唆犯、帮助犯和组织犯。

《刑法》第156条规定，与走私罪犯通谋，为其提供贷款、资金、账号、发票、证明，或者为其提供运输、保管、邮寄或者其他方便的，以走私罪的共犯论处。这里所规定的，实际上是走私罪的帮助犯。

286. 如何理解《刑法》第156条中的“与走私罪犯通谋”？

走私共同犯罪，是指两个以上的犯罪主体（自然人之间、单位之间、自然人和单位之间）共同故意实施走私犯罪的情况。

《刑法》第156条规定，“与走私罪犯通谋，为其提供贷款、资金、账号、发票、证明，或者为其提供运输、保管、邮寄或者其他方便的，以走私罪的共犯论处”。也就是说，走私共同犯罪人中并不全是直接实施具体的走私犯罪行为，有的是为实施走私提供条件或者便利等。这里的“通谋”，是描述共同犯罪特征的一个专用字眼，旨在揭示和掌握共同犯罪嫌疑人之间具有共同的主观故意。一般而言，因走私犯罪环节和手段复杂，为保证走私活动顺利实施，共同犯罪嫌疑人之间大多经过事先通谋，但这并不排除事先未通谋而临时起意的情况。如，黄某应朋友范某之约，帮其将从外地购买的汽车开回本市。范某事先未告诉黄某具体取车的地点，后黄某跟随范某来到中朝边境，从图们江接应到汽车往回开，此时黄某才意识到范某从事汽车走私活动，但经不住范某的劝导和金钱的诱惑，遂驾驶走私汽车驶往内地，后被查获。这就属于事先未有通谋的共同走私，不能因为事先未有通谋而不以共同走私认定。《刑法》第156条的规定，并非适用所有走私犯罪的认定，而主要适用于未直接实施走私犯罪活动而仅为走私罪犯提供方便的协助犯，该条规定贯彻了严格刑事责任原则。此条规定的“通谋”，是构成走私罪协助犯的条件，对于直接实施走私犯罪活动的共同实行犯，并不以“通谋”为必要条件。

287. 什么是走私犯罪集团？

走私犯罪集团是指三人以上为共同实施走私犯罪而形成的较为固定的犯罪组织。认定走私犯罪集团，一般应根据以下几个标准：

（一）人数较多，《刑法》规定为三人以上；

（二）经常纠集在一起进行严重的走私犯罪活动，一般在犯罪集团建立后，应有多起走私犯罪行为；

（三）有明显的首要分子，重要成员固定或基本固定，具有较严密的组织性和相对稳定性，是走私犯罪集团与一般结伙走私的最主要区别；

（四）有预谋地实施走私犯罪，给社会造成的危害和经济冲击十分严重。实践中的走私犯罪集团，往往有广泛的社会关系网络，先进的联系工具，强大的运输能力，雄厚的资金，有的甚至有一定的武装力量，因而走私的货值高，逃避海关查缉能力强。

288. 走私犯罪的对象具体有哪几类？

走私犯罪的对象，即走私的货物、物品种类繁多，归纳起来有以下几类：

（一）国家禁止进出境或者限制进出境的货物、物品。

（二）依法应当缴纳关税的货物、物品。即海关法规定的应减免关税之外的一切进出口货物、物品。

（三）保税货物。即海关未办理纳税手续进境，在境内储存、加工、装配后再运出境的货物。根据我国海关法规的规定，保税货物在境内销售的，必须经海关许可，并且照章补缴应缴税额。

（四）特定减税、免税进口的货物、物品。具体包括：无商业价值的广告和货样；外国政府、国际组织无偿赠送的物资；在海关放行前遭受破坏或损失的货物；规定数额以内的物品；我国缔结或参加的国际条约规定减免税的货物、物品；特定地区、特定企业、有特定用途的进口货物以及用于公益事业的捐赠物资；国务院或国务院授权机关规定减免关税的边境小额贸易货物、物品；法律规定减免关税的其他货物、物品。

289. 什么是准走私行为？

对于准走私行为的认定和处理，《刑法》第 155 条规定，下列行为以走私罪论处：（一）直接向走私人非法收购国家禁止进出口物品的，或者直接向走私人非法收购走私进口的其他货物、物品，数额较大的；（二）在内海、领海、界河、界湖运输、收购、贩卖国家禁止进出口物品的，或者运输、收购、贩卖国家限制进出口货物、物品，数额较大，没有合法证明的。

上述两种行为不具有传统意义上走私罪的典型特征，因而一般被称为“准走私”。这些“准走私”行为，有的虽然不存在逃避海关监管的问题，并且是在我国境内实施的，但是为走私入境的货物、物品提供了进入我国流通领域和进一步扩散的渠道，对于走私犯罪目的的得逞和走私犯罪的最终完成起到了非常重要的作用，因此也应当予以严厉打击。

准走私犯罪不是一种罪名。对于准走私行为，一般应当根据不同情况确定罪名。例如，在内海、领海运输、收购、贩卖武器、弹药、核材料的，应当以走私武器、弹药、核材料罪论处；在直接向走私人非法收购走私进口的其他货物、物品，数额较大的，应当以走私普通货物、物品罪论处。

290. 构成单位走私犯罪的条件是什么？如何办理既有单位又有个人参与的共同走私案件？

走私犯罪同时具备下列三项特征的，可以认定为单位走私犯罪：（1）以单位的名义实施走私犯罪；（2）由单位集体讨论决定，或者由单位的主要负责人或者其授权的直接负责的主管人员决定；（3）为单位谋取非法利益的。

对查获的既有单位又有个人（不包括单位内部直接负责的主管人员和直接责任人员）参与的共同走私案件，单位和个人均应对偷逃的全部应缴税额负责。对走私偷逃税额达5万元以上不满25万元的，应当根据共同走私当事人在案件中所起的作用和所承担的责任，区分情况作出不同处理。属于单位起主要作用的，对单位不予追究刑事责任，同时对涉案的个人也不再追究刑事责任，一并移送海关作行政处理；属于个人起主要作用的，应当分案处理，依照刑法关于自然人犯罪的规定追究个人的刑事责任，而对违法单位则移送海关进行行政处理。

291. 如何认定走私犯罪嫌疑人具有走私的主观故意？

行为人明知自己的行为违反国家法律法规，逃避海关监管，偷逃进出境货物、物品的应缴税额，或者逃避国家有关进出境的禁止性管理，并且希望或者放任这种状态或者结果发生的，应认定为具有走私的主观故意。

走私主观故意中的“明知”是指知道所从事的行为是走私行为或者应当知道所从事的行为是走私行为。具有下列情形之一的，可视为应当知道所从事的行为是走私行为，但有证据证明确属被蒙骗的除外：

（一）逃避海关监管，运输、携带、邮寄的物品属于国家禁止进出境物品的；

（二）用特制的设备或者运输工具走私货物、物品的；

（三）未经海关同意，在非设关的码头、海（河）岸、陆路边境等地点，装卸、驳载、运输、收购或者贩卖进出境货物、物品的；

（四）向被委托人提供的合同、发票、证明及相关商业单据虚假或者不真实的；

（五）恶意委托他人以明显低于货物正常进（出）口的应缴税款额代理缴纳进（出）口税款，发生走私犯罪行为的；

（六）曾因同一类违法行为受过刑事处罚或者行政处罚的；

（七）从事外贸经营，报关，进出口（境）货物、物品的运输、加工、储存、寄售等行业的企业和人员实施或者参与走私行为的，以及从事外（边）贸、海关、出入境检验检疫、港务等管理工作或者特定职业的有关人员实施或者参与走私行为的；

（八）当事人走私的主观故意能够通过其他证据证明的。

292.如何理解《刑法》第157条规定的“武装掩护走私”和“以暴力、威胁方法抗拒缉私”？

具有下列两种情形之一的，可认定为“武装掩护走私”：

（一）携带武器、弹药武装押运走私的货物、物品的；

（二）使用或者假冒军队、武警专用的车辆、舰船，运载、押运走私的货物、物品，逃避海关监管、检查的。

具有下列情形之一的，对组织者、教唆者和参与行动的骨干分子可认定为“以暴力、威胁方法抗拒缉私”：

（一）持械伤害、围攻、劫持或者殴打缉私工作人员的；

（二）聚众哄抢已查扣的走私货物、物品的；

（三）在缉私专用车辆、舰艇行进的道路上设置路障或者从事其他破坏交通设施和交通工具的行为，阻碍缉私工作人员执法的；

（四）以爆炸、杀伤、破坏等恐吓手段相要挟，阻挠缉私工作人员依法办案的；

（五）使用其他暴力、威胁或者危险方法，对缉私工作人员的人身安全直接构成威胁或者造成伤害的。

293. 对武装掩护走私，以暴力、威胁方法抗拒缉私的，如何处理？

“武装掩护走私”是指行为人携带武器用以保护走私活动的行为。在实践中，有的犯罪分子携带武器排斥缉私；有的可能在遇到缉私检查时，公然动用武器抗拒；有的没有遇到缉私检查，或者虽然遇到缉私检查，但是没有使用武器抗拒或者没有来得及使用武器就被制服。只要是携带武器掩护走私，不论是否实际使用了武器，不影响“武装掩护走私”的成立。

武装掩护走私是一种最严重的走私行为，社会危害性极大，因而《刑法》第 157 条第 1 款规定“武装掩护走私的，依照本法第 151 条第 1 款、第 4 款的规定从重处罚”。

武装掩护走私普通货物、物品的行为应如何确定罪名？有的人提出应定武装掩护走私罪。我们认为，武装掩护走私只是走私犯罪的一个法定从重量刑情节，罪名仍然应当根据走私对象确定。武装掩护走私一般货物、物品的，仍应定走私普通货物、物品罪。武装掩护走私淫秽物品的，仍应定走私淫秽物品罪。只不过在量刑时，依据《刑法》第 157 条第 1 款处理。

《刑法》第 157 条第 2 款规定：“以暴力、威胁方法抗拒缉私的，以走私罪和本法第 277 条规定的阻碍国家机关工作人员依法执行职务罪，依照数罪并罚的规定处罚。”所谓暴力，是指殴打、杀伤、捆绑、强拉硬拢等损害执法人员的生命、健康安全的行为。所谓胁迫，是指以暴力侵害相威胁，或者以其他方式对缉私人员进行精神强制。适用本条规定，应当以行为人构成的具体的走私罪与妨害公务罪实行并罚。例如，走私淫秽物品，以暴力、威胁方法抗拒缉私的，应当以走私淫秽物品罪与妨害公务罪实行数罪并罚。

如果是使用武器暴力抗拒缉私的，应当同时适用《刑法》第 157 条第 1 款和第 2 款的规定，即对走私犯罪依照《刑法》第 151 条第 1 款、第 4 款的规定从重处罚，并与妨害公务罪实行数罪并罚。

294. 什么是走私武器、弹药罪？

走私武器、弹药罪，是指违反海关法规和国家对武器、弹药管理法律、法规，逃避海关监管，走私武器、弹药的行为。其基本法律特征是：

（一）本罪主体为一般主体，它包括一切从事走私活动的单位和个人。

（二）本罪的客体是国家海关监管制度和国家对武器、弹药的管理制度。由于武器、弹药对公共安全具有极大的危害性，国家出于保障公共安全的需要，严禁武器、弹药的出品或者进口，对于走私武器弹药的行为规定为犯罪予以严惩。

（三）本罪的主观方面表现为故意，即行为人明知武器、弹药为国家所严禁进出口，而故意逃避海关监督，将其运输、携带或者邮寄出境。对于本罪，在主观方面并不要求行为人必须具有某种目的，无论行为人出于何种目的，如牟利或者其他目的实施上述走私行为的，都不影响本罪。如果行为人实施上述运输、携带或者邮寄出境的行为是由于对其行为对象缺乏认识则不构成本罪，即过失不构成本罪。

（四）本罪的客观方面表现为行为人违反海关法规和国家对武器、弹药管理法律、法规，逃避海关监管，走私武器、弹药的行为。走私行为的表现方式是多种多样的，但通常表现为运输、携带和邮寄行为。同时，根据新刑法第 155 条第 1、2 款的规定，直接向走私人非法收购武器、弹药的以及在内海、领海、界河、界湖运输、收购、贩卖武器、弹药的，以走私武器、弹药罪论处。所谓武器、弹药，是指各种军用武器、弹药和炸药以及其他的军用武器的枪支、弹药、爆炸物等。在一般情况下走私犯罪都以“情节严重”为构成要件，然而，走私武器、弹药行为本身就是一种情节严重的走私行为，因此走私武器、弹药罪在客观方面不以“情节严重”为成立犯罪的构成要件，原则上只要行为人实施了走私武器、弹药的行为，即构成犯罪。

295. 如何认定走私武器、弹药罪中“武器、弹药”的范围？

作为本罪对象的武器，大可包括各种军用舰艇、飞机、坦克、装甲车乃至核武器、化学武器、细菌武器等，小可包括各种普通枪支作为本罪对象的弹药，包括上述枪支配套使用的枪弹以及手榴弹、炸弹、地雷等。

作为走私对象的武器、弹药，一般是指军用的武器、弹药，即通常所说的军火，但是与军用武器类似的其他具有较大杀伤力或破坏力的民用枪支、弹药，如射击运动用的枪支、狩猎用的散弹枪及配套使用的子弹等，也应包括在内。

296. 区分走私武器、弹药罪与非罪应注意哪些问题？

区分走私武器、弹药罪与非罪的界限，主要应注意以下几个问题：

（一）正确认识本罪的对象范围。

可以构成本罪对象的只能是具有较大杀伤力或破坏力的器械、装置或者其他物品，因此非法携带、运输或邮寄一般的管制刀具等杀伤力或破坏力较小的物品进出境的，不能以本罪论处。因此，正确认定走私武器、弹药的范围对于区分走私武器、弹药罪与非罪的界限具有十分重要的意义。具体来说，我们认为应该注意以下几个问题：(1) 武器包括近代意义上的核武器、化学武器在内的各种武器，但一般是指小型武器；武器还应包括冷兵器、猎枪和比赛用枪。但如果走私一般治安管理刀具、自制猎枪、火炮、比赛用的气枪的，可以适用行政处罚，不以犯罪论处。(2) 弹药包括武器所使用的弹药，也包括其他爆炸用品。对于走私分子购买少量炸药的，一般不应以犯罪论处。(3) 走私其他危险物品，例如剧毒性、放射性、细菌性以及其他可以对人畜、生态环境造成大面积杀伤、危害的物品的，如果这些危险品本身就是一种武器或是武器的弹药、装填物，应直接以走私武器、弹药罪处理。(4) 走私分子通过分解武器各个部分，将其零件分批走私入境的，经查证属实，仍应以走私武器、弹药罪论处。

（二）考察行为人是否明知是武器、弹药。

这主要发生在携带、运输、邮寄货物、物品进出境时被查获夹带有武器、弹药的情况下，如果行为人确实不知其所携带、运输、邮寄的货物、物品中藏匿有武器、弹药的，不构成本罪。反之，行为人明知其携带、运输、邮寄的货物、物品中藏匿有武器、弹药，不如实向海关申报，企图蒙混过关入境的，应以本罪论处。

（三）对情节的把握。

情节严重不是走私武器、弹药罪的必要条件。凡是故意走私武器、弹药的，不论数量多少、情节轻重，原则上均可以追究刑事责任。因为走私武器、弹药本身就是一种情节严重的走私行为，故不以情节严重为构成要件。但是，这种理解不能绝对化，在司法实践中，也不能不管数量多少、情节轻重一律追究刑事责任。如果数量很小，且综合全案看属于情节显著轻微、危害不大的情况，根据《刑法》第 13 条“但书”的规定，可以不认为是犯罪，应当作为一般违法行为。根据《最高人民法院关于审理走私刑事案件具体应用法律若干问题的解释》（注释〔2000〕30 号）的规定，对于走私军用子弹 10 发以下、非军用枪支 2 支以下、非军用子弹 100 发以下的，可以视为情节显著轻微、危害不大，不认为是犯罪。

（四）走私武器、弹药的起刑数量规定。

根据《刑法》的规定和最高人民法院关于走私罪的司法解释，走私武器、弹药的起刑点为军用枪支 1 支以上或者非军用枪支 2 支以上、军用子弹 10 发以上或者非军用子弹 100 发以上。

297. 如何区分走私武器、弹药罪与非法持有、私藏枪支、弹药罪？

非法持有、私藏枪支、弹药罪，是指违反枪支管理规定，未依法取得持枪证件而持有枪支、弹药，或者私自藏匿枪支、弹药，拒不交出的行为。

对于行为人在走私枪支、弹药既遂后自己持有、藏匿的，应视为走私枪支、弹药行为的延伸，不再定非法持有枪支、弹药罪，实行数罪并罚，而应仅认定为走私武器、弹药罪。

298. 什么是走私核材料罪？

走私核材料罪，是指行为人违反海关法律、法规，逃避海关监管，走私核材料的行为。其基本法律特征是：

（一）本罪的主体为一般主体，包括自然人和单位。

（二）本罪的客体是国家海关监管制度。

（三）本罪的主观方面是故意，即行为人明知核材料为国家严禁进出口的物品，而故意逃避海关监督，将其运输、携带或者邮寄出境。本罪的成立在主观方面不要求行为人具备某种目的，无论行为人出于什么样的动机和目的实施了走私核材料的行为都不影响本罪的成立。过失不构成罪，因此，本罪的建立要求行为人对其所运输、携带、邮寄的核材料有所认识，即明知是核材料而运输、携带或者邮寄进出境。如果行为人缺乏主观上的明知，就不构成本罪。当然在认定行为人是否具备主观上的明知不能仅凭行为人的口供，应当综合各种情况，只要足以证明行为人知道或者应当知道其所运输、携带、邮寄的物品属于核材料而故意实施，即可认定行为人具备主观上的明知。

（四）本罪在客观方面表现为行为人违反海关法，逃避海关监管，运输、携带、邮寄国家禁止进出口的核材料的行为。所谓核材料，是指铀-233，同位素235或233浓缩铀，钚（钚-238同位素含量超过80%者除外），非矿石或矿渣形式的含天然存在的同位素混合物的铀、氚等可以用于发生原子核裂变反应或者聚变反应的放射性材料。核材料是制造核武器和利用核能的核心原材料，其通过核裂变或者核聚变的连锁反应可以释放出巨大的能量。同时，产生原子能的放射性物质，其电离辐射危害异常严重，特别是当其被用于军事目的制成原子弹、氢弹等核武器时，其破坏性和杀伤力令人震惊。因此核材料的开发和利用一方面为人类和平利用核能、开发动力资源创造了广阔的前景；另一方面，核材料一旦被用于军事目的或者犯罪目的，就会对人类的和平与安全造成极大的威胁。为了同这种危害人类和平与安全的犯罪作斗争，中国政府批准加入了一系列旨在制止和惩治与核材料犯罪有关的国际公约，如1989年我国加入《核材料实物保护公约》，1992年加入《不扩散核武器公约》，1996年签署《核安全公约》。我国将根据上述公约的规定，对公约规定的与核材料有关的国际犯罪行使刑事管辖权，以承担惩治走私核材料的义务，因此新刑法在本条规定了走私核材料罪，并规定了严厉的处罚。根据本条的规定，只要行为人实施了走私核材料的行为即构成犯罪。

299. 区分走私核材料罪与非罪应注意哪些问题？

区分走私核材料罪与非罪的界限，主要应注意以下几个问题：

（一）正确认定本罪的对象范围。

如前所述，可以构成本罪对象的只能是核材料，携带、运输、邮寄非核材料进出境的，不能以本罪论处。在实践中，对某一物品是否属于核材料难以认定时，应请有关部门进行鉴定。

（二）行为人是否明知是核材料。

这主要发生在携带、运输、邮寄货物、物品进出境时被查获夹带有核材料的场合，如果行为人系为他人所利用或胁迫而为他人携带、运输、邮寄藏有核材料的货物、物品的，而自己确不知情的，不应以犯罪论处。反之，行为人明知其携带、运输、邮寄的货物、物品中藏匿有核材料的，则应以本罪论处。

（三）区别走私核材料数量的多少。

根据刑法规定，情节严重不是走私核材料罪的构成要件，凡是故意走私核材料的，不论数量多少，原则上均可以追究刑事责任。因为走私核材料本身就是一种情节严重的走私行为，故不以情节严重为构成要件。但是，如果数量很小，且综合全案看属于情节显著轻微、危害不大的情况，根据《刑法》第 13 条“但书”的规定，可以不认为是犯罪，而只作为一般违法行为处理。

300. 什么是走私假币罪？

走私假币罪，是指行为人违反海关法，逃避海关监管，走私假币的行为。其基本法律特征是：

（一）本罪的主体为一般主体，自然人和单位均可成为本罪主体。

（二）本罪的主观方面是故意犯罪。故意的内容表现为行为人明知假币为国家所禁止进出口，而故意逃避海关监管，将其运输、携带或者邮寄进出境。行为人在主观上是否以牟利为目的并非本罪的构成要件，其牟利目的的有无不影响定罪。同时，由于货币的情况比较复杂，如未被告知实情，不知道自己受委托携带的是伪造的货币，或者行为人虽携带有假货币，但由于行为人认识水平的原因而未认识到是假币的，不构成本罪。因此，过失，即行为人缺乏主观上的明知时不构成本罪。

（三）本罪的客体为国家海关监管制度。

（四）本罪的客观方面表现为行为人违反海关法，逃避海关监管，走私假币的行为。所谓“假币”，包括假的人民币和外币，是指仿照人民币或者外币的形状、图案、色彩等特征，使用各种方法，非法制造的假货币。由于假币对国家金融秩序可以造成极大的破坏，走私假币行为本身便属于一种情节严重的行为，因此，只要行为人在主观上对货币的虚假性有所认识，在客观上实施了逃避海关监管，运输、携带、邮寄假币进出境的行为即构成走私假币罪。

301. 对行为人伪造货币后又走私的，应如何定罪？

行为人如果既伪造货币，又走私伪造的货币的，应以伪造货币罪和走私假币罪，实行数罪并罚。因为这种情况既侵犯了国家的货币管理制度，又侵犯了国家的对外贸易管制。那种认为是属于牵连犯，走私行为系伪造行为的后续行为的说法，是不能成立的。

302. 对行为人走私假币后又贩卖、使用假币的，应如何定罪？

在实践中，犯罪人走私伪造的货币成功以后，总是要么贩卖伪造的货币，要么在市场上故意使用伪造的货币，否则便失去了走私的目的。对此无论出售自己走私的伪造的货币也好，还是故意使用自己走私的伪造的货币也好，都是走私行为的延伸，因此，对于走私分子，持有或者在市场上故意使用伪造的货币的行为，不应定持有、使用伪造的货币罪，而应认定为走私假币罪。但是，如果是其他人收取伪造的货币后故意持有或故意在市场上使用，数额较大的，应以持有、使用假币罪论处。

303. 伪造的外币能否成为走私假币罪的犯罪对象？

能。一国的货币管理制度，不仅包括对本国国家货币的管理，也包括对外币的管理。随着国际经贸、旅游业的发展，国家间文化、科技交流的广泛开展，任何一国的经济发展和社会生活都日益呈现国际化的趋势，货币之间的兑换至境外货币的直接流通使用越来越普遍。伪造的外币一旦在本国境内流通，对本国金融秩序造成的破坏与伪造的本国货币无异。《刑法》第151条第1款规定的“货币”，是指可在国内市场流通或者兑换的人民币、境外货币。

304. 对于走私伪造的外币的行为，如何确定刑事追究的起刑点？

走私伪造的货币总面额达到2000元或者币量200张（枚）的，应当追究刑事责任。走私伪造的境外货币，其面额以案发时国家外汇管理机关公布的外汇牌价折合人民币计算。

305. 什么是走私文物罪？

走私文物罪，是指行为人违反海关法，走私国家禁止出口的文物的行为。其基本法律特征是：

（一）本罪的主体为一般主体，包括自然人和单位。

（二）本罪的客体是国家海关监管制度。

（三）本罪的主观方面表现为故意，即行为人明知文物为国家禁止出口的物品，而故意逃避海关监管，将其运输、携带或者邮寄出境。如果行为人确实对文物的性质辨别不清，就不能认为行为人在主观上具有犯罪故意，不能认为行为人的行为已构成走私文物罪。

（四）本罪的客观方面表现为行为人违反海关法，逃避海关监管，运输、携带、邮寄国家禁止出口的文物出境的行为。本罪的行为对象是国家禁止出口的文物，走私国家允许出口的文物的行为，不构成本罪。

在认定本罪时应注意本罪为行为犯，即只要行为人明知是国家禁止出口的文物，而故意实施逃避海关监管，运输、携带、邮寄国家禁止出口的文物的行为的，即构成本罪的既遂。

306. 走私文物罪的犯罪对象如何认定？

本罪的对象是国家禁止出口的文物。根据海关总署 1987 年发布的《中华人民共和国禁止进出境物品表》，禁止出口的文物是指珍贵文物以及其他国家禁止出境的文物。

珍贵文物是指具有重要历史、艺术、科学价值的文物。

珍贵文物，从级别上看是指一级、二级文物及三级文物中经国家文物鉴定委员会确认的文物。

除了珍贵文物外，国家禁止出口文物还包括有损于国家荣誉、有碍民族团结、在政治上有不良影响的文物等。

应注意国家禁止出口文物与限制出境文物的区分。

对于非法运输、携带、邮寄未经鉴定的文物出境的，如果经过鉴定，属国家禁止出口文物的，应以本罪论处。如果属于限制出境文物的，不构成本罪，但如果数量较大的，可能构成走私普通货物、物品罪。

307. 区分走私文物罪与非罪应注意哪些问题？

（一）正确辨别犯罪对象。

本罪的对象为国家禁止出口的文物，也就是说，只有行为人非法运输、携带、邮寄出境的物品属于国家禁止出口的文物的才构成本罪。如前所述，国家禁止出口的文物是指珍贵文物以及由于存在某些特殊原因，如有损国家荣誉、有碍民族团结或在政治上有不良影响等，而为国家禁止出境的文物。如果行为人运输、携带、邮寄出境的物品不是文物或者虽然是文物但不在上述特定文物的范围之内，不能构成本罪。如果数量较大，偷逃应缴税额达到一定标准的，可以按走私普通货物、物品罪处理。

（二）考察行为人在主观方面是否出于故意。

构成走私文物罪要求行为人在主观方面必须明知其运输、携带或者邮寄出境的物品属于国家禁止出口的文物。行为人运输、携带、邮寄的虽然是国家禁止出口的文物，但如果由于疏忽大意，并未意识到是文物，而误认为是普通工艺美术品或纪念品等，或是虽然意识到是文物，却认为是国家允许出口的文物的，其主观上属于过失，不能以本罪论处。

（三）看行为人在客观方面是否逃避了海关监管。

行为人是否逃避了海关监管，也是区分本罪与非罪的一个重要依据。行为人是否就出境物品如实向海关进行了申报，通常可视为行为人是否逃避了海关监管的标志。例如行为人虽然运输、携带、邮寄的是属于国家禁止出口文物，但如果其向海关如实进行了申报的，则行为人不具备本罪客观方面的特征，不能以犯罪论处。对这些文物，国家只能予以征购，不能予以没收。

308. 对盗窃文物后又走私出境的，如何定罪？

在实践中，走私文物犯罪一般是境内外不法分子互相勾结，通过形成盗、藏、运、销“一条龙”的犯罪网络完成的。对此类盗窃文物后又走私出境的行为应实行数罪并罚，还是从一重罪处断，我们认为应具体情况具体分析。如果行为人先是出于盗窃文物的故意，实施了盗窃文物行为，后又实施走私文物的行为的，应视为触犯了盗窃罪、走私文物罪两个罪名，对其分别定罪，实行数罪并罚。但是如果行为人在主观上出于一个犯罪故意，即为了达到走私的目的，而实施盗窃文物行为的，应视为牵连犯，从一重罪处断。一般情况下，应以走私文物罪论处，但若在走私未遂的情况下，可以按盗窃罪定罪处罚。

309. 走私文物罪与非法向外国人出售、赠送珍贵文物罪有何区别？

非法向外国人出售、赠送珍贵文物罪，是指违反文物保护法规，将收藏的国家禁止出口的珍贵文物私自出售和私自赠送给外国人的行为。走私文物罪与非法向外国人出售、赠送珍贵文物罪的主体包括自然人和单位，在主观方面都表现为故意。两者的区别主要是：（1）犯罪客体不同。走私文物罪侵犯的客体是国家对外贸易管理制度中的有关禁止文物出口的制度，而非法向外国人出售、赠送珍贵文物罪侵犯的客体是国家对文物的保护和管理制度。（2）客观方面不同。走私文物罪的客观方面表现为违反海关法规，逃避海关监管，非法运输、携带、邮寄国家禁止出口的文物出境的行为。这种行为一般要涉及跨越国（边）境的问题，而非法向外国人出售、赠送珍贵文物罪的客观方面则表现为私自出售或私自赠送珍贵文物给外国人的行为。这种行为均发生在我国境内。（3）犯罪对象不尽相同。走私文物罪的对象是国家禁止出口的文物，而非法向外国人出售、赠送珍贵文物罪的对象是珍贵文物，其范围相对要窄一些。

310. 走私在我国境内的国外其他民族遗留下来的文物和外国的文物、图书，是否构成走私文物罪？

国家禁止出口文物并不仅限于中华民族的历史文物，还包括在我国境内的国外其他民族遗留下来的文物，以及外国的文物、图书。根据《中华人民共和国文物保护法》的规定，凡在中华人民共和国境内的一切文物，均受国家保护。对我国境内的外国民族遗留下来的文物和外国的文物、图书，经文物鉴定机构鉴定，有重要历史、艺术和科学价值的或者比较稀有的，应当禁止出口，将其走私出口的，构成走私文物罪。

311. 什么是走私贵重金属罪？

走私贵重金属罪，是指行为人违反海关法走私国家禁止出口的黄金、白银或者其他贵重金属的行为。其基本法律特征是：

（一）本罪主体为一般主体，包括自然人和单位。

（二）本罪的客体是国家海关监管制度。

（三）本罪的主观方面是故意，表现为行为人明知黄金、白银等贵重金属是国家禁止出口的物品，而故意逃避海关监管，将其运输、携带或者邮寄出境。过失不构成本罪。

（四）本罪的客观方面表现为行为人违反海关法，逃避海关监管，运输、携带黄金、白银和其他贵重金属出境的行为。所谓“其他贵重金属”，是指铂、铱、锇、钌、铑等金属以及国家规定禁止出口的其他贵重金属。本罪不以“情节严重”为构成要件，因为走私黄金、白银或其他贵重金属本身就已表明犯罪情节严重。但是，情节显著轻微，比如走私数目较小的，可不认为是犯罪。

312. 区分走私贵重金属罪与非罪应注意哪些问题？

（一）正确认定本罪的对象。

根据《刑法》的规定，行为人非法运输、携带、邮寄国家禁止出口的贵重金属出境的才构成本罪。因此，如果行为人运输、携带、邮寄的不是贵重金属，而是一般金属甚至不是金属的，不能构成本罪。

（二）看行为人主观上是否出于故意。

本罪在主观方面表现为故意，行为人必须是明知行为对象是贵重金属或其制品，而仍运输、携带、邮寄出境的，才能以本罪论处。虽然行为人运输、携带、邮寄的是贵重金属或其制品，如果并未意识到的，不构成本罪。

（三）考察行为人的行为是否逃避了海关监管。

行为人是否逃避了海关监管，是区分本罪与非罪的一个重要依据。行为人是否就出境物品如实向海关进行了申报，通常可视为行为人是否逃避了海关监管的标志。虽然行为人运输、携带、邮寄的是贵重金属及其制品，但是如果向海关如实进行申报的，则行为不符合走私贵重金属罪客观方面的特征，不能以犯罪论处。

（四）注意走私贵重金属行为的情节轻重。

根据刑法的规定，本罪是行为犯，不以“情节严重”作为犯罪成立的条件，只要行为人故意实施了非法运输、携带、邮寄国家禁止出口的贵重金属出境的行为，原则上就构成了本罪。

313. 对逃避海关监管，非法运输、携带或邮寄大量贵重金属及其制品进境的行为，应如何定性？

根据《刑法》第 151 条第 2 款规定，走私贵重金属罪是指将黄金等贵重金属走私出境的行为。根据我国有关贵重金属的管理法规规定，携带黄金、白银等贵重金属及其制品进入中国国境，数量不受限制，但是必须向入境地海关申报。如果行为人逃避海关监管，非法运输、携带或邮寄大量贵重金属及其制品进境，超出自用、合理数量较多的，不再视为个人携运的进出境物品，而作为应当征收进口关税和其他税费的进口货物对待。如果偷逃税额达到《刑法》第 153 条规定的走私普通货物、物品罪的起刑数额标准的，应当以走私普通货物、物品罪追究刑事责任，而不能以走私贵重金属罪定罪量刑。

314. 对行为人走私金银质地的文物出境，如何定罪？

如果走私的对象是金银质地的文物的，根据《中华人民共和国金银管理条例》第 2 条的规定，按照《中华人民共和国文物法》的规定进行处理。如果构成犯罪的，应当以走私文物罪定罪处罚。只有走私的是非文物的贵重金属或者其制品时，才能以走私贵重金属罪论处。

315. 什么是走私珍贵动物、珍贵动物制品罪？

走私珍贵动物、珍贵动物制品罪，是指行为人违反海关法，走私国家禁止进出口的珍贵动物、珍贵动物制品的行为，其基本的法律特征是：

（一）本罪主体为一般主体，包括自然人和单位。

（二）本罪的客体是国家海关监管制度。

（三）本罪的主观方面是故意，即行为人明知珍贵动物、珍贵动物制品是国家禁止进出口的物品，而故意逃避海关监管，将其运输、携带或者邮寄进出境。

（四）本罪的客观方面表现为行为人违反海关法，逃避海关监管，运输、携带、邮寄国家禁止进出口的珍贵动物、珍贵动物制品进出境的行为。所谓“珍贵动物”，是指我国重点保护的珍贵、濒危的陆生、水生野生动物。国家重点保护的动物分为一级野生动物和二级野生动物。林业部于 1994 年发布了《关于核准部分濒危野生动物为国家重点保护动物的通知》，决定将《濒危野生动植物物种国际贸易公约》附录一和附录二所列的非原产我国的野生动物，如犀牛、袋鼠、鸵鸟、斑马等分别核准为国家一级和国家二级保护动物，对这些动物及其产品的管理，同原产我国的国家有关法律、法规和规章的规定一样实施管理。所谓珍贵动物制品是指上述珍贵动物的任何可辨认部分或其衍生物，如珍贵动物的皮、毛、骨等制成的食品、药品、装饰品及其他物品等等。

在认定本罪时应注意本罪的成立并不以“情节严重”为构成要件，这是因为走私珍贵动物、珍贵动物制品的行为本身就意味着其性质情节严重，但是并不是说珍贵动物的数额对本罪的认定没有影响。

316. 人工繁殖的珍贵动物能否成为走私珍贵动物、珍贵动物制品罪的对象？

走私珍贵动物、珍贵动物制品罪的对象是珍贵动物或其制品。珍贵动物，包括野生的珍贵动物和非野生的珍贵动物。前者一般指自然繁殖的珍贵动物，既包括在大自然中生长的野生动物，同时也包括在特定环境下生长的野生动物，如动物园中或公园中已经被人工驯养的珍贵野生动物，以及科学研究过程中使用的珍贵野生动物等，后者一般指人工繁殖的珍贵动物。由于刑法对走私珍贵动物、珍贵动物制品罪的对象并未限制为野生的珍贵动物，因此，人工繁殖的珍贵动物也可成为走私珍贵动物、珍贵动物制品罪的对象。

317. 如何正确区分走私珍贵动物、珍贵动制品罪与非罪？

区分走私珍贵动物、珍贵动物制品罪与非罪，主要可以从以下几个方面着手：

（一）正确认定本罪的对象。

本罪的对象为国家禁止进出口的珍贵动物及其制品，行为人非法运输、携带、邮寄国家禁止进出口的珍贵动物及其制品进出境的行为才构成本罪。如果行为人携带、运输或邮寄的是普通野生动物及其制品，国家并不禁止其进出境，不能构成本罪。

（二）看行为人在主观方面是否出于故意。

行为人必须是明知属于国家禁止进出口的珍贵动物及其制品而仍非法运输、携带、邮寄进出境的，才能以本罪论处。

行为人虽然运输、携带、邮寄的是国家禁止进出口的珍贵动物及其制品，但如果在当时情况下，根据常识，行为人根本不可能认识到该对象属于国家禁止进出口的珍贵动物或者其制品，因其缺乏犯罪故意，不能以本罪论处。

（三）考察行为人在客观方面是否逃避了海关监管。

行为人是否逃避了海关监管，也是区分本罪与非罪的一个重要依据。行为人是否就出境物品如实向海关进行了申报，通常可视为行为人是否逃避了海关监管的标志。如果行为人虽然运输、携带、邮寄的是国家禁止进出口的珍贵动物及其制品，但是已向海关如实进行了申报，则行为不具备本罪客观方面的特征，不能以本罪论处。

（四）注意走私珍贵动物、珍贵动物制品行为的情节轻重。

根据《刑法》的规定，本罪是行为犯，不以“情节严重”作为犯罪成立的条件。

318. 什么是走私淫秽物品罪？

走私淫秽物品罪，是指行为人违反海关法，以牟利或者传播为目的，走私淫秽的影片、录像带、录音带、图片、书刊或者其他淫秽物品的行为。其基本法律特征是：

（一）本罪的主体为一般主体，包括自然人和单位。

（二）本罪的客体是海关监管制度。

（三）本罪的主观方面是故意，且为直接故意，即行为人明知其走私的物品为淫秽物品，而仍然实施走私行为。既要求行为人对其所携带的物品性质有认识，同时要求行为人必须以牟利或传播为目的，在这里如果行为人认识上有错误，即将一般物品误认为淫秽物品进行走私的，或者将淫秽物品当作一般物品进行走私的，符合走私普通货物、物品罪犯罪构成的，以走私普通货物、物品罪定罪论处，不符合走私普通货物、物品罪的犯罪构成的，属一般走私违规行为，不构成犯罪。行为人在主观上必须以牟利或传播为目的是本罪区别于其他走私犯罪在主观方面的主要标志，也是构成走私淫秽物品罪的必要条件，如果行为人在主观上并不是以牟利或传播为目的，而是为了自己欣赏或其他用途，则不构成本罪，行为人在主观上对淫秽物品的性质是否有认识和行为人是否以牟利或传播为目的，在认定时，不能仅凭行为人口供，而应综合全案进行分析，从而得出行为人是否对淫秽物品的性质有认识和在主观上是否以牟利或传播为目的的结论。

（四）本罪的客观方面表现为行为人违反海关法，以牟利或者传播为目的，逃避海关监管，运输、携带、邮寄淫秽物品出入国境的行为。

319. 区分走私淫秽物品罪与非罪应注意哪些问题？

（一）辨别淫秽物品与非淫秽物品。

“淫秽物品”，根据《刑法》第 367 条第 1 款的规定，是指具体描绘性行为或者露骨宣扬色情的淫秽性的书刊、影片、录像带、录音带、图片及其他淫秽物品。在实践中尤其要注意那些虽然含有关于性的内容，但并不属于淫秽物品的物品。这类物品主要包括：

（1）夹杂有色情内容的有艺术价值的文学、艺术作品。

（2）宣传人体生理、医学知识的科学著作。

（3）表现人体、美学的艺术作品。

（4）一些内容格调不高，甚至夹杂有一些色情、淫秽内容，对普通人特别是青少年的身心健康有毒害，但从整体上看仍不属于淫秽物品的物品。这主要是指色情出版物和夹杂淫秽、色情内容的出版物。

（5）性药、性具。不同于淫药、淫具，不能认定为淫秽物品。

（二）查明行为人是否具有牟利或者传播的目的。

构成本罪要求行为人主观上必须具有牟利或者传播的目的。如果行为人为了自己收藏、阅读、观看、自用、赠友，或者受托代买而携带、夹带或邮寄少量淫秽物品进出境，不具有牟利或者传播的目的的，不成立本罪。在司法实践中，认定行为人是否具有牟利或者传播目的，具体应当综合考虑行为人的口供、同案犯的供述、其他证人证言、行为人的一贯表现等因素。此外，根据淫秽物品的数量大小可以直接推定行为人的主观目的。如行为人携带、夹带或邮寄的淫秽物品的数量较多，或同一品种的淫秽物品有多种（册、幅、张、盒），明显超过自己使用范围的，即可推定行为人具有牟利或传播的目的。

（三）对情节的把握。

在实践中，对于确实以牟利或者传播为目的实施的走私淫秽物品的行为，不论数量大小，原则上都可以追究刑事责任。但是实际上，如果行为人走私淫秽物品数量很小，且综合全案看属于情节显著轻微、危害不大的情况，可以不认为是犯罪，应当作为一般违法行为。根据《最高人民法院关于审理走私刑事案件具体应用法律若干问题的解释》（法释〔2000〕30 号）规定，对于走私淫秽录像带、影碟不足 50 盘（张），录音带、音碟不足 100 盘（张），淫秽扑克、书刊、画册不足 100 副（册），淫秽照片、画片不足 500 张的，可视为情节显著轻微，危害不大，不认为是犯罪。

320. 对走私《刑法》没有列明罪名的国家禁止进出口货物的案件应如何定性？

根据《海关总署关于对走私国家禁止进出口货物案件定性和适用法律问题的意见》（署法函〔2001〕58 号）的有关规定，对于走私《刑法》第 151 条、第 152 条、第 347 条、第 350 条、第 352 条列明品种以外的其他国家禁止进出境货物、物品进出境的，对其中涉税的并且偷逃应缴税额达到《刑法》第 153 条和《最高人民法院关于审理走私刑事案件具体应用法律若干问题的解释》规定数额的，海关均应按照涉嫌“走私普通货物物品罪”将案件移送走私犯罪侦查机关立案侦查。

对于走私《刑法》第 151 条、第 152 条、第 347 条、第 350 条、第 352 条列明品种以外的其他国家禁止进出境货物、物品进出境，没有偷逃应缴税款或偷逃应缴税款没有达到《刑法》第 153 条和《最高人民法院关于审理走私刑事案件具体应用法律若干问题的解释》规定数额的，由海关按照《海关法》第 82 条和 1987 年《海关法行政处罚实施细则》第 5 条的规定给予行政处罚。

321. 伪报贸易性质的走私犯罪与擅自倒卖保税、特定减免税货物的走私犯罪区别在哪里？

伪报贸易性质的走私犯罪与擅自倒卖保税、特定减免税货物的走私犯罪的区别在于：

（一）概念不同。伪报贸易性质走私犯罪是指行为人在通关申报环节有意隐瞒真实贸易性质，将一般贸易性质货物申报为保税、特定减免税的贸易性质货物，借以偷逃应缴税额为目的的走私犯罪。擅自倒卖保税、特定减免税货物走私犯罪是指未经海关许可并且未补缴应缴税额，擅自将进口保税、特定减免税货物、物品，在境内销售牟利的走私犯罪。

（二）涉罪条款不同。伪报贸易性质走私犯罪涉及《刑法》第 153 条，擅自倒卖保税、特定减免税货物走私犯罪涉及《刑法》第 153 条和第 154 条。

（三）行为主体特征不同。伪报贸易性质走私犯罪行为主体无须是向海关承担特定义务的主体。擅自倒卖保税、特定减免税货物走私犯罪行为主体必须是向海关承担特定义务的主体。

（四）客观表现形式不同。伪报贸易性质走私犯罪的行为人在通关申报环节采取瞒骗手段进行走私。擅自倒卖保税、特定减免税货物走私犯罪的行为人采取合法通关后进行非法倒卖的方式进行走私。

（五）主观要件和表现形式不同。首先，伪报贸易性质的走私犯罪不以非法牟利的目的作为其主观构成要件，而擅自倒卖保税、特定减免税货物走私犯罪主观构成要件是以牟利为目的。其次，伪报贸易性质的走私犯罪逃避海关监管的主观故意体现在通关申报环节，擅自倒卖保税、特定减免税货物的走私犯罪逃避海关监管的主观故意体现在后续监管环节。

322. 在办理走私犯罪案件中，如何理解《刑法》第 154 条规定的“销售牟利”？

《刑法》第 154 条规定的走私罪，是以擅自销售保税货物或者特定减免税货物为表现方式的走私普通货物、物品罪，认定该罪应当以是否偷逃应缴税额为要件，该条一、二款规定的“销售牟利”，是指通过擅自销售海关监管的保税货物、特定减免税货物而牟取利益。无论获利与否或者获利多少，只要在立案前未经海关批准，且未补缴应缴税额在 10 万元以上（单位在 20 万元以上）的，都应当依照《刑法》第 153 条的规定追究刑事责任。

323. 什么是走私普通货物、物品罪？

走私普通货物、物品罪，是指行为人违反海关法规，逃避海关监管，非法运输、携带、邮寄应当缴纳关税和其他进出口环节海关代征税的货物、物品进出境，偷逃应缴税款数额较大、情节严重的行为，以及未经海关许可并且未补缴税额，擅自将保税货物、特定减免税货物在境内销售牟利，数额较大、情节严重的行为。

（根据 2011 年 5 月 1 日起实施的《中华人民共和国刑法修正案（八）》和 2014 年 9 月 9 日最高人民法院、最高人民检察院联合发布的《关于办理走私刑事案件适用法律若干问题的解释》（法释〔2014〕10 号）规定，自然人走私普通货物、物品，偷逃应缴税款在 10 万元以上；单位走私普通货物、物品，偷逃应缴税款在 20 万元以上，应当追究刑事责任，一年内曾因走私被给予二次行政处罚后又走私的，应当追究其刑事责任）。

其基本法律特征是：

（一）本罪的主体为一般主体，包括自然人和单位。

（二）本罪的客体是国家海关监管制度。

（三）本罪的主观方面是故意。故意内容表现为行为人明知是国家限制或应税进出口的货物、物品，而故意逃避海关监管，将其运输、携带、邮寄进出境，行为人进行走私活动时，在主观上一般都具备牟利目的，但是否有牟利目的并不影响本罪成立。

（四）本罪的客观方面表现为行为人违反海关法规，逃避海关监管，运输、携带、邮寄一般的货物、物品进出境，偷逃应缴税额个人在 10 万元以上、单位在 20 万元以上的行为。所谓的一般货物、物品，是指武器、弹药、核材料、伪造的货币、国家禁止进出口的文物、珍贵动物及其制品和黄金、白银或者其他贵重金属、珍稀植物及其制品、淫秽物品、毒品以外的普通货物、物品。本罪的走私行为除了走私罪的一般方式之外，还包括以下两种特殊的走私形式：（1）未经海关许可并且未补缴应缴税额；擅自将批准进口的来料加工，进料加工，来件装配，补偿贸易的原材料、零件、制成品、设备等保税货物、物品，在境内销售牟利的；（2）未经海关许可并且未补缴应缴税额，擅自将特定的减税、免税进口的货物、物品，在境内销售牟利的。上述“保税货物”，是指经海关批准未办理纳税手续进境在境内储存、加工、装配后复运出境的货物。“特定减税、免税进口的货物、物品”，主要是依法被减税、免税的用于特定范围或目的的货物、物品，如经济特区等特定地区进口的货物，“三资”企业进口的货物、为特定用途进口的货物。数额较大即偷逃应缴税额个人在10万元以上，单位在20万元以上。

324.《刑法》及《海关法》关于走私犯罪规定中的“国家禁止或者限制进出境货物、物品或者依法应当缴纳关税的货物、物品”是指什么？

所谓国家禁止进出境物品，是指国家法律、法规明令禁止进出境的物品，如武器、弹药、毒品、淫秽物品等所谓国家限制进出境货物、物品（简称“应证货物、物品”），是指依照国家法律、法规的规定，在办理进出口通关手续之前，需要事先申领由国家主管部门批准、签发的有关许可证件的货物、物品，如粮食、成品油、汽车等。所谓依法应当缴纳税款的货物、物品（简称“应税货物、物品”），是指依照海关法的规定，需要征收关税和进口环节代征税的进出口货物、物品。这里需要说明的是，应证货物、物品与应税货物、物品有交叉，即某些国家限制进出口的货物、物品同时也是依法应当缴纳税款的货物、物品。

325.如何区分走私普通货物、物品罪与一般走私行为？

区分走私普通货物、物品罪与一般走私行为的关键在于走私行为偷逃应缴税额的大小。走私普通货物、物品，必须是自然人偷逃应缴税额达到10万元以上的（单位20万元以上），才追究刑事责任。对于偷逃应缴税额自然人不足10万元（单位不足20万元）的，应作为一般走私行为。

此外，为严厉打击“蚂蚁搬家”型的走私行为，对一年内曾因走私被给予二次行政处罚后又走私的，也按走私普通货物、物品罪，追究刑事责任。

326. 如何区分走私普通货物、物品罪与非罪？

（一）考察行为人是否具备走私故意。

走私普通货物、物品罪在主观方面只能是故意，即行为人明知自己的行为违反了海关法规，逃避了海关监管。如果行为人在主观上并没有违反海关法规，逃避海关监管的故意，而只是因为不懂海关监管的规定或者疏忽大意而该报未报或漏报、错报关税的，不能认定为犯罪。

（二）区分走私普通货物、物品犯罪与一般走私普通货物、物品行为的界限。

构成走私普通货物、物品罪在数额上有一定的限制，即必须偷逃应缴税数额达 10 万元以上（单位犯罪 20 万元以上）。而且《刑法》第 153 条第 3 款规定，对多次走私未经处理的，按照累计走私货物、物品的偷逃应缴税额处罚。这里的“多次走私未经处理”，是指既未经刑事处罚，也未经行政处理。如果行为已经受过行政处理或刑事处罚，即使是处罚过轻，也不能再累计其走私数额。另外，所谓的未经处理的走私行为，必须仍在刑事追溯时效之内，行为有连续或继续状态的连续犯、继续犯，追溯时效从最后一次走私行为算起。

另外，判断走私行为是构成走私普通货物、物品罪还是一般走私违法行为，还要适当考虑走私的手段、方式、次数、后果等其他情节。

327. 从事进出口货物、物品的委托、代理或者居间活动，发生走私犯罪行为的，对没有直接实施欺（瞒）骗海关行为的委托人、居间人能否追究刑事责任？

在进出口货物、物品的委托、代理或者居间活动中，发生走私犯罪行为，委托人、居间人虽没有直接实施欺（瞒）骗海关的行为，但具有下列情形之一的，可适用《刑法》第 156 条规定追究其刑事责任：

（一）明知被委托人采取非法的手段或者途径从事进出口活动，而仍然委托其代理进出口货物、物品的；

（二）向被委托人提供的合同发票、证明及相关商业单据虚假或者不真实的；

（三）恶意委托他人以明显低于货物正常进（出）口的应缴税额代缴纳进（出）口税款，发生走私犯罪行为的；

（四）向走私行为人非法出售进出口货物的特定减免税批件、加工贸易手册，报关单证或者其他海关单证的；

（五）向走私行为人提供其他帮助或者方便的。委托人、居间人具有下列情形之一的，可作为共同犯罪的主犯追究其刑事责任，或者适用刑法有关走私罪的条款，单独追究其刑事责任：

（1）在走私犯罪活动中起谋划、组织、领导作用的；

（2）胁迫、利诱或者指使他人从事走私犯罪活动的；

（3）隐瞒真相，向被委托人提供虚假的海关单证，或者提供虚假的合同、发票、证明以及其他商业单证，蒙骗他人实施走私犯罪活动的；

（4）在走私犯罪活动中起主要作用的其他情形。

328. 什么是走私毒品罪？

走私毒品罪，是指明知是毒品而故意实施走私的行为。成立本罪必须具备以下条件：

（一）客观方面表现为：(1）走私，是指逃避海关监管，运输、携带、邮寄毒品进出国（边）境的行为。(2）毒品，是指鸦片、海洛因、甲基苯丙胺、可卡因等。依据《麻醉药品管理办法》《精神药品管理法》，凡能使人形成瘾癖、生理和精神依赖性的麻醉药品、精神药品也属于国家管制的毒品之列。

（二）主体是一般主体，自然人和单位均可构成本罪。

（三）主观方面是故意，要求对毒品有明知。若非明知，而是被利用、被蒙骗，则不构成犯罪。

本罪是行为犯，即只要行为人实施了走私毒品的行为，不论毒品的数量多少，一律构成犯罪。

329. 什么是走私制毒物品罪？

走私制毒物品罪，是指违反海关法规定，非法运输、携带醋酸酐、乙醚、三氯甲烷等用于制造毒品的原料或者配剂进出（边）境的行为。成立本罪须具备下列条件：

（一）违反海关法规定，非法运输、携带行为。所谓违反海关法规定，是指违反我国制定发布的法律、法规及我国参加的有限公约中关于禁止运输、携带制毒物品的规定。

（二）制毒物品，即本罪的行为对象。根据我国参加的《联合国禁止非法贩运麻醉药品和精神药品公约》，用于制造毒品的化学物品有麻黄碱、麦角新碱、麦角胺、麦斛酸、1- 苯基 -2 丙酮、伪麻黄碱、丙酮、乙醚、苯乙醚、呱啶、邻胺基本甲酸等 12 种，并规定这些物质可能存在的盐类也包括在内。

（三）进出境，这是本罪“走私”行为得以成立的要件。若不是携带、运输进出境，而仅是在境内买卖，则依法构成非法买卖制毒物品罪而非本罪。二者的唯一区别即在于本罪须是运输、携带制毒物品进出境（从而构成走私制毒物品罪），而非法买卖制毒物品罪则须是在境内买卖制毒物品。因此，构成非法买卖制毒物品的买和卖的行为均须在境内进行或完成，否则即构成走私制毒物品罪。

另外，行为人明知他人制造毒品，而把运输、携带进出境的或非法买卖的制毒物品提供给他人的，以制造毒品罪的共犯论处，即以制造毒品罪定罪处罚，而不再定走私制毒物品罪或非法买卖制毒物品罪。

330. 关于对海关监管现场查获的走私犯罪案件认定既遂、未遂问题如何认定？

依照 2000 年 7 月 30 日最高人民法院研究室《关于对海关监管现场查获的走私犯罪案件认定既遂、未遂问题的函》的批复精神，走私犯罪的既、未遂问题可以区分下列几种情况分别认定：

（一）对于行为人通过国家设置的海关监管场所“闯关走私”的，只要走私货物、物品到达海关查验关口，或者进入海关专设的监管货场而被查获的，应当认定为走私既遂。

（二）对于行为人携带、运输走私货物、物品“绕关走私”的，只要走私货物、物品到达国（边）境线的，应当认定为走私既遂。

（三）对于行为人采用在境内邮寄货物、物品方式进行走私的，只要行为人在邮政部门办理完毕邮寄手续，即应当认定为走私既遂；如果在办理邮寄手续过程中被查获的，应当认定为走私未遂。

（四）对于行为人故意实施上述走私行为，但属“对象不能犯”情形的，应当认定为走私未遂。

附　　录

最高人民法院　最高人民检察院　公安部　国家安全部　司法部
全国人大常委会法制工作委员会
关于实施刑事诉讼法若干问题的规定

一、管辖

1. 公安机关侦查刑事案件涉及人民检察院管辖的贪污贿赂案件时，应当将贪污贿赂案件移送人民检察院；人民检察院侦查贪污贿赂案件涉及公安机关管辖的刑事案件，应当将属于公安机关管辖的刑事案件移送公安机关。在上述情况中，如果涉嫌主罪属于公安机关管辖，由公安机关为主侦查，人民检察院予以配合；如果涉嫌主罪属于人民检察院管辖，由人民检察院为主侦查，公安机关予以配合。

2. 刑事诉讼法第二十四条中规定："刑事案件由犯罪地的人民法院管辖。"刑事诉讼法规定的"犯罪地"，包括犯罪的行为发生地和结果发生地。

3. 具有下列情形之一的，人民法院、人民检察院、公安机关可以在其职责范围内并案处理：

（一）一人犯数罪的；

（二）共同犯罪的；

（三）共同犯罪的犯罪嫌疑人、被告人还实施其他犯罪的；

（四）多个犯罪嫌疑人、被告人实施的犯罪存在关联，并案处理有利于查明案件事实的。

二、辩护与代理

4. 人民法院、人民检察院、公安机关、国家安全机关、监狱的现职人员，人民陪审员，外国人或者无国籍人，以及与本案有利害关系的人，不得担任辩护人。但是，上述人员系犯罪嫌疑人、被告人的监护人或者近亲属，犯罪嫌疑人、被告人委托其担任辩护人的，可以准许。无行为能力或者限制行为能力的人，不得担任辩护人。

一名辩护人不得为两名以上的同案犯罪嫌疑人、被告人辩护，不得为两名以上的未同案处理但实施的犯罪存在关联的犯罪嫌疑人、被告人辩护。

5. 刑事诉讼法第三十四条、第二百六十七条、第二百八十六条对法律援助作了规定。对于人民法院、人民检察院、公安机关根据上述规定，通知法律援助机构指派律师提供辩护或者法律帮助的，法律援助机构应当在接到通知后三日以内指派律师，并将律师的姓名、单位、联系方式书面通知人民法院、人民检察院、公安机关。

6. 刑事诉讼法第三十六条规定：“辩护律师在侦查期间可以为犯罪嫌疑人提供法律帮助；代理申诉、控告；申请变更强制措施；向侦查机关了解犯罪嫌疑人涉嫌的罪名和案件有关情况，提出意见。”根据上述规定，辩护律师在侦查期间可以向侦查机关了解犯罪嫌疑人涉嫌的罪名及当时已查明的该罪的主要事实，犯罪嫌疑人被采取、变更、解除强制措施的情况，侦查机关延长侦查羁押期限等情况。

7. 刑事诉讼法第三十七条第二款规定：“辩护律师持律师执业证书、律师事务所证明和委托书或者法律援助公函要求会见在押的犯罪嫌疑人、被告人的，看守所应当及时安排会见，至迟不得超过四十八小时。”根据上述规定，辩护律师要求会见在押的犯罪嫌疑人、被告人的，看守所应当及时安排会见，保证辩护律师在四十八小时以内见到在押的犯罪嫌疑人、被告人。

8. 刑事诉讼法第四十一条第一款规定：“辩护律师经证人或者其他有关单位和个人同意，可以向他们收集与本案有关的材料，也可以申请人民检察院、人民法院收集、调取证据，或者申请人民法院通知证人出庭作证。”对于辩护律师申请人民检察院、人民法院收集、调取证据，人民检察院、人民法院认为需要调查取证的，应当由人民检察院、人民法院收集、调取证据，不得向律师签发准许调查决定书，让律师收集、调取证据。

9. 刑事诉讼法第四十二条第二款中规定：“违反前款规定的，应当依法追究法律责任，辩护人涉嫌犯罪的，应当由办理辩护人所承办案件的侦查机关以外的侦查机关办理。”根据上述规定，公安机关、人民检察院发现辩护人涉嫌犯罪，或者接受报案、控告、举报、有关机关的移送，依照侦查管辖分工进行审查后认为符合立案条件的，应当按照规定报请办理辩护人所承办案件的侦查机关的上一级侦查机关指定其他侦查机关立案侦查，或者由上一级侦查机关立案侦查。不得指定办理辩护人所承办案件的侦查机关的下级侦查机关立案侦查。

10. 刑事诉讼法第四十七条规定："辩护人、诉讼代理人认为公安机关、人民检察院、人民法院及其工作人员阻碍其依法行使诉讼权利的，有权向同级或者上一级人民检察院申诉或者控告。人民检察院对申诉或者控告应当及时进行审查，情况属实的，通知有关机关予以纠正。"人民检察院受理辩护人、诉讼代理人的申诉或者控告后，应当在十日以内将处理情况书面答复提出申诉或者控告的辩护人、诉讼代理人。

三、证据

11. 刑事诉讼法第五十六条第一款规定："法庭审理过程中，审判人员认为可能存在本法第五十四条规定的以非法方法搜集证据情形的，应当对证据收集的合法性进行法庭调查。"法庭经对当事人及其辩护人、诉讼代理人提供的相关线索或者材料进行审查后，认为可能存在刑事诉讼法第五十四条规定的以非法方法搜集证据情形的，应当对证据搜集的合法性进行法庭调查。法庭调查的顺序由法庭根据案件审理情况确定。

12. 刑事诉讼法第六十二条规定，对证人、鉴定人、被害人可以采取"不公开真实姓名、住址和工作单位等个人信息"的保护措施。人民法院、人民检察院和公安机关依法决定不公开证人、鉴定人、被害人的真实姓名、住址和工作单位等个人信息的，可以在判决书、裁定书、起诉书、询问笔录等法律文书、证据材料中使用化名等代替证人、鉴定人、被害人的个人信息。但是，应当书面说明使用化名的情况并标明密级，单独成卷。辩护律师经法庭许可，查阅对证人、鉴定人、被害人使用化名情况的，应当签署保密承诺书。

四、强制措施

13. 被取保候审、监视居住的犯罪嫌疑人、被告人无正当理由不得离开所居住的市、县或者执行监视居住的处所，有正当理由需要离开所居住的市、县或者执行监视居住的处所，应当经执行机关批准。如果取保候审、监视居住是由人民检察院、人民法院决定的，执行机关在批准犯罪嫌疑人、被告人离开所居住的市、县或者执行监视居住的处所前，应当征得决定机关同意。

14. 对取保候审保证人是否履行了保证义务，由公安机关认定，对保证人的罚款决定，也由公安机关作出。

15. 指定居所监视居住的，不得要求被监视居住人支付费用。

16. 刑事诉讼法规定，拘留由公安机关执行。对于人民检察院直接受理的案件，人民检察院作出的拘留决定，应当送达公安机关执行，公安机关应当立即执行，人民检察院可以协助公安机关执行。

17. 对于人民检察院批准逮捕的决定，公安机关应当立即执行，并将执行回执及时送达批准逮捕的人民检察院。如果未能执行，也应当将回执送达人民检察院，并写明未能执行的原因。对于人民检察院决定不批准逮捕的，公安机关在收到不批准逮捕决定书后，应当立即释放在押的犯罪嫌疑人或者变更强制措施，并将执行回执在收到不批准逮捕决定书后的三日内送达作出不批准逮捕决定的人民检察院。

五、立案

18. 刑事诉讼法第一百一十一条规定："人民检察院认为公安机关对应当立案侦查的案件而不立案侦查的，或者被害人认为公安机关对应当立案侦查的案件而不立案侦查，向人民检察院提出的，人民检察院应当要求公安机关说明不立案的理由。人民检察院认为公安机关不立案理由不能成立的，应当通知公安机关立案，公安机关接到通知后应当立案。"根据上述规定，公安机关收到人民检察院要求说明不立案理由通知书后，应当在七日内将说明情况书面答复人民检察院。人民检察院认为公安机关不立案理由不能成立，发出通知立案书时，应当将有关证明应当立案的材料同时移送公安机关。公安机关收到通知立案书后，应当在十五日内决定立案，并将立案决定书送达人民检察院。

六、侦查

19. 刑事诉讼法第一百二十一条第一款规定："侦查人员在讯问犯罪嫌疑人的时候，可以对讯问过程进行录音或者录像；对于可能判处无期徒刑、死刑的案件或者其他重大犯罪案件，应当对讯问过程进行录音或者录像。"侦查人员对讯问过程进行录音或者录像的，应当在讯问笔录中注明。人民检察院、人民法院可以根据需要调取讯问犯罪嫌疑人的录音或者录像，有关机关应当及时提供。

20. 刑事诉讼法第一百四十九条中规定："批准决定应当根据侦查犯罪的

需要，确定采取技术侦察措施的种类和适用对象。”采取技术侦察措施收集的材料作为证据使用的，批准采取技术侦察措施的法律文书应当附卷，辩护律师可以依法查阅、摘抄、复制，在审判过程中可以向法庭出示。

21. 公安机关对案件提请延长羁押期限的，应当在羁押期限届满七日前提出，并书面呈报延长羁押期限案件的主要案情和延长羁押期限的具体理由，人民检察院应当在羁押期限届满前作出决定。

22. 刑事诉讼法第一百五十八条第一款规定：“在侦查期间，发现犯罪嫌疑人另有重要罪行的，自发现之日起依照本法第一百五十四条的规定重新计算侦查羁押期限。”公安机关依照上述规定重新计算侦查羁押期限的，不需要经人民检察院批准，但应当报人民检察院备案，人民检察院可以进行监督。

七、提起公诉

23. 上级公安机关指定下级公安机关立案侦查的案件，需要逮捕犯罪嫌疑人的，由侦查该案件的公安机关提请同级人民检察院审查批准；需要提起公诉的，由侦查该案件的公安机关移送同级人民检察院审查起诉。

人民检察院对于审查起诉的案件，按照刑事诉讼法的管辖规定，认为应当由上级人民检察院或者同级其他人民检察院起诉的，应当将案件移送有管辖权的人民检察院。人民检察院认为需要依照刑事诉讼法的规定指定审判管辖的，应当协商同级人民法院办理指定管辖有关事宜。

24. 人民检察院向人民法院提起公诉时，应当将案卷材料和全部证据移送人民法院，包括犯罪嫌疑人、被告人翻供的材料，证人改变证言的材料，以及对犯罪嫌疑人、被告人有利的其他证据材料。

八、审判

25. 刑事诉讼法第一百八十一条规定：“人民法院对提起公诉的案件进行审查后，对于起诉书中有明确的指控犯罪事实的，应当决定开庭审判。”对于人民检察院提起公诉的案件，人民法院都应当受理。人民法院对提起公诉的案件进行审查后，对于起诉书中有明确的指控犯罪事实并且附有案卷材料、证据的，应当决定开庭审判，不得以上述材料不充足为由而不开庭审判。如果人民检察院移送的材料中缺少上述材料的，人民法院可以通知人民检察院补充材料，人民检察院应当自收到通知之日起三日内补送。

人民法院对提起公诉的案件进行审查的期限计入人民法院的审理期限。

26. 人民法院开庭审理公诉案件时，出庭的检察人员和辩护人需要出示、宣读、播放已移交人民法院的证据的，可以申请法庭出示、宣读、播放。

27. 刑事诉讼法第三十九条规定："辩护人认为在侦查、审查起诉期间公安机关、人民检察院收集的证明犯罪嫌疑人、被告人无罪或者罪轻的证据材料未提交的，有权申请人民检察院、人民法院调取。"第一百九十一条第一款规定："法庭审理过程中，合议庭对证据有疑问的，可以宣布休庭，对证据进行调查核实。"第一百九十二条第一款规定："法庭审理过程中，当事人和辩护人、诉讼代理人有权申请通知新的证人到庭，调取新的物证，申请重新鉴定或者勘验。"根据上述规定，自案件移送审查起诉之日起，人民检察院可以根据辩护人的申请，向公安机关调取未提交的证明犯罪嫌疑人、被告人无罪或者罪轻的证据材料。在法庭审理过程中，人民法院可以根据辩护人的申请，向人民检察院调取未提交的证明被告人无罪或者罪轻的证据材料，也可以向人民检察院调取需要调查核实的证据材料。公安机关、人民检察院应当自收到要求调取证据材料决定书后三日内移交。

28. 人民法院依法通知证人、鉴定人出庭作证的，应当同时将证人、鉴定人出庭通知书送交控辩双方，控辩双方应当予以配合。

29. 刑事诉讼法第一百八十七条第三款规定："公诉人、当事人或者辩护人、诉讼代理人对鉴定意见有异议，人民法院认为鉴定人有必要出庭的，鉴定人应当出庭作证。经人民法院通知，鉴定人拒不出庭作证的，鉴定意见不得作为定案的根据。"根据上述规定，依法应当出庭的鉴定人经人民法院通知未出庭作证的，鉴定意见不得作为定案的根据。鉴定人由于不能抗拒的原因或者有其他正当理由无法出庭的，人民法院可以根据案件审理情况决定延期审理。

30. 人民法院审理公诉案件，发现有新的事实，可能影响定罪的，人民检察院可以要求补充起诉或者变更起诉，人民法院可以建议人民检察院补充起诉或者变更起诉。人民法院建议人民检察院补充起诉或者变更起诉的，人民检察院应当在七日以内回复意见。

31. 法庭审理过程中，被告人揭发他人犯罪行为或者提供重要线索，人民检察院认为需要进行查证的，可以建议补充侦查。

32. 刑事诉讼法第二百零三条规定："人民检察院发现人民法院审理案件违反法律规定的诉讼程序，有权向人民法院提出纠正意见。"人民检察院对违反法定程序的庭审活动提出纠正意见，应当由人民检察院在庭审后提出。

九、执行

33. 刑事诉讼法第二百五十四条第五款中规定："在交付执行前，暂予监外执行由交付执行的人民法院决定。"对于被告人可能被判处拘役、有期徒刑、无期徒刑，符合暂予监外执行条件的，被告人及其辩护人有权向人民法院提出暂予监外执行的申请，看守所可以将有关情况通报人民法院。人民法院应当进行审查，并在交付执行前作出是否暂予监外执行的决定。

34. 刑事诉讼法第二百五十七条第三款规定："不符合暂予监外执行条件的罪犯通过贿赂等非法手段被暂予监外执行的，在监外执行的期间不计入执行刑期。罪犯在暂予监外执行期间脱逃的，脱逃的期间不计入执行刑期。"对于人民法院决定暂予监外执行的罪犯具有上述情形的，人民法院在决定予以收监的同时，应当确定不计入刑期的期间。对于监狱管理机关或者公安机关决定暂予监外执行的罪犯具有上述情形的，罪犯被收监后，所在监狱或者看守所应当及时向所在地的中级人民法院提出不计入执行刑期的建议书，由人民法院审核裁定。

35. 被决定收监执行的社区矫正人员在逃的，社区矫正机构应当立即通知公安机关，由公安机关负责追捕。

十、涉案财产的处理

36. 对于依照刑法规定应当追缴的违法所得及其他涉案财产，除依法返还被害人的财物以及依法销毁的违禁品外，必须一律上缴国库。查封、扣押的涉案财产，依法不移送的，待人民法院作出生效判决、裁定后，由人民法院通知查封、扣押机关上缴国库，查封、扣押机关应当向人民法院送交执行回单；冻结在金融机构的违法所得及其他涉案财产，待人民法院作出生效判决、裁定后，由人民法院通知有关金融机构上缴国库，有关金融机构应当向人民法院送交执行回单。

对于被扣押、冻结的债券、股票、基金份额等财产，在扣押、冻结期间权利人申请出售，经扣押、冻结机关审查，不损害国家利益、被害人利益，不影响诉讼正常进行的，以及扣押、冻结的汇票、本票、支票的有效期即将届满的，可以在判决生效前依法出售或者变现，所得价款由扣押、冻结机关保管，并及时告知当事人或者其近亲属。

37. 刑事诉讼法第一百四十二条第一款中规定："人民检察院、公安机关根据侦查犯罪的需要，可以依照规定查询、冻结犯罪嫌疑人的存款、汇款、债券、股票、基金份额等财产。”根据上述规定，人民检察院、公安机关不能扣划存款、汇款、债券、股票、基金份额等财产。对于犯罪嫌疑人、被告人死亡，依照刑法规定应当追缴其违法所得及其他涉案财产的，适用刑事诉讼法第五编第三章规定的程序，由人民检察院向人民法院提出没收违法所得的申请。

38. 犯罪嫌疑人、被告人死亡，现有证据证明存在违法所得及其他涉案财产应当予以没收的，公安机关、人民检察院可以进行调查。公安机关、人民检察院进行调查，可以依法进行查封、扣押、查询、冻结。

人民法院在审理案件过程中，被告人死亡的，应当裁定终止审理；被告人脱逃的，应当裁定中止审理。人民检察院可以依法另行向人民法院提出没收违法所得的申请。

39. 对于人民法院依法作出的没收违法所得的裁定，犯罪嫌疑人、被告人的近亲属和其他利害关系人或者人民检察院可以在五日内提出上诉、抗诉。

十一、其他

40. 刑事诉讼法第一百四十七条规定：“对犯罪嫌疑人作精神病鉴定的期间不计入办案期限。”根据上述规定，犯罪嫌疑人、被告人在押的案件，除对犯罪嫌疑人、被告人的精神病鉴定期间不计入办案期限外，其他鉴定期间都应当计入办案期限。对于因鉴定时间较长，办案期限届满仍不能终结的案件，自期限届满之日起，应当对被羁押的犯罪嫌疑人、被告人变更强制措施，改为取保候审或者监视居住。

国家安全机关依照法律规定，办理危害国家安全的刑事案件，适用本规定中有关公安机关的规定。

本规定自 2013 年 1 月 1 日起施行。1998 年 1 月 19 日发布的《最高人民法院、最高人民检察院、公安部、国家安全部、司法部、全国人大常委会法制工作委员会关于刑事诉讼法实施中若干问题的规定》同时废止。

最高人民法院　最高人民检察院
公安部　国家安全部　司法部
全国人大常委会法制工作委员会
2012 年 12 月 26 日

最高人民法院、最高人民检察院、公安部、司法部、海关总署关于走私犯罪侦查机关办理走私犯罪案件适用刑事诉讼程序若干问题的通知

署侦〔1998〕742号

各省、自治区、直辖市高级人民法院、人民检察院、公安厅（局）、司法厅（局），海关总署广东分署、各直属海关：

根据《国务院关于缉私警察队伍设置方案的批复》（国函〔1998〕53号）和《国务院办公厅关于组建缉私警察队伍实施方案的复函》（国办函〔1998〕52号），海关总署、公安部组建成立走私犯罪侦查局，纳入公安部编制机构序列，设在海关总署。缉私警察是对走私犯罪案件依法进行侦查、拘留、执行逮捕、预审的专职刑警队伍，走私犯罪侦查局既是海关总署的一个内设局，又是公安部的一个序列局，实行海关与公安双重垂直领导、以海关领导为主的体制，按照海关对缉私工作的统一部署和指挥，部署警力，执行任务。走私犯罪侦查局在广东分署和全国各直属海关设立走私犯罪侦查分局；走私犯罪侦查分局原则上在隶属海关设立走私犯罪侦查支局。各级走私犯罪侦查机关负责其所在海关业务管辖区域内的走私犯罪案件的侦查工作。

为保证缉私警察队伍依法履行职责，与各行政执法部门、司法机关密切配合，切实加大打击走私犯罪活动的力度，现将走私犯罪侦查机关办理走私案件适用刑事诉讼程序的若干问题通知如下：

一、走私犯罪侦查机关在中华人民共和国海关关境内，依法查缉涉税走私犯罪案件和发生在海关监管区内的走私武器、弹药、核材料、伪造的货币、文物、贵重金属、珍贵动物及其制品、珍稀植物及其制品、淫秽物品、固体废物和毒品等非涉税走私犯罪案件，接受海关调查部门、地方公安机关（包括公安边防部门）和工商行政等执法部门查获移送的走私犯罪案件。

二、走私犯罪侦查机关在侦办走私犯罪案件过程中，依法采取通缉、边控、搜查、拘留、执行逮捕、监视居住等措施，以及核实走私罪嫌疑人身份和犯罪经历时，需地方公安机关配合的，应通报有关地方公安机关，地方公

安机关应予配合。其中在全国范围通缉、边控走私犯罪嫌疑人，请求国际刑警组织或者境外警方协助的，以及追捕走私犯罪嫌疑人需要地方公安机关调动警力的，应层报公安部批准。

走私犯罪侦查机关决定对走私犯罪嫌疑人采取取保候审的，应通知并移送走私犯罪嫌疑人居住地公安机关执行。罪犯因走私罪被人民法院判处剥夺政治权利、管制以及决定暂予监外执行、假释或者宣告缓刑的，由地方公安机关执行。

走私犯罪侦查机关因办案需要使用技术侦察手段时，应严格遵照有关规定，按照审批程序和权限报批后，由有关公安机关实施。

三、走私犯罪侦查分局、支局在查办走私犯罪案件过程中进行侦查、拘留、执行逮捕、预审等工作，按《公安机关办理刑事案件程序规定》（以下简称《程序规定》）办理。

四、走私犯罪侦查机关依照刑事诉讼法的规定出具和使用刑事法律文书，适用公安部统一制定的文书格式，冠以“＊＊＊走私犯罪侦查（分、支）局”字样并加盖“＊＊＊走私犯罪侦查（分、支）局”印章。

五、走私犯罪侦查机关在侦办走私犯罪案件过程中，需要提请批准逮捕走私犯罪嫌疑人时，应按《程序规定》制作相应的法律文书，连同有关案卷材料、证据，直接移送走私犯罪侦查机关所在地的分、州、市级人民检察院审查决定。

六、走私犯罪侦查机关对犯罪事实清楚，证据确实、充分，已侦查终结的案件，应当制作《起诉意见书》，连同案卷材料、证据，一并移送走私犯罪侦查机关所在地的分、州、市级人民检察院审查决定。

七、人民检察院认为走私犯罪嫌疑人的犯罪事实已经查清，证据确实、充分，依法应当追究刑事责任的，应当依法提起公诉。对于基层人民法院管辖的案件，可以依照刑事诉讼法第二十三条的规定，向当地中级人民法院提起公诉，人民法院应当依法作出判决。

八、律师参加刑事诉讼活动，应严格按《中华人民共和国刑事诉讼法》《中华人民共和国律师法》《最高人民法院、最高人民检察院、公安部、国家安全部、司法部、全国人大常委会法制工作委员会关于刑事诉讼法实施中若干问题的规定》以及本通知等有关规定办理。

九、对走私犯罪案件的侦查、提起公诉、审判的其他程序，依照《中华人民共和国刑事诉讼法》以及其他相关法律的规定办理。

十、对经侦查不构成走私罪和人民检察院依法不起诉或者人民法院依法免予刑事处罚的走私案件，依照《中华人民共和国海关法》的规定，移送海关调查部门处理。

十一、海关调查部门、地方公安机关（包括公安边防部门）和工商行政等执法部门对于查获的需移送走私犯罪侦查机关的案件，应当就近移送。走私犯罪侦查机关应及时接受，出具有关手续，并将案件处理结果书面通报移送部门。

本通知自下发之日起执行。

1998 年 12 月 3 日

最高人民法院关于审理走私犯罪案件适用法律有关问题的通知

法〔2011〕163号

各省、自治区、直辖市高级人民法院，解放军军事法院，新疆维吾尔自治区高级人民法院生产建设兵团分院：

《中华人民共和国刑法修正案（八）》（以下简称《刑法修正案（八）》）将于2011年5月1日起施行。《刑法修正案（八）》对走私犯罪作了较大修改。为切实做好走私犯罪审判工作，现就审理走私犯罪案件适用法律的有关问题通知如下：

一、《刑法修正案（八）》取消了走私普通货物、物品罪定罪量刑的数额标准，《刑法修正案（八）》施行后，新的司法解释出台前，各地人民法院在审理走私普通货物、物品犯罪案件时，可参照适用修正前的刑法及《最高人民法院关于审理走私刑事案件具体应用法律若干问题的解释》（法释〔2000〕30号）规定的数额标准。

二、对于一年内曾因走私被给予二次行政处罚后又走私需要追究刑事责任的，具体的定罪量刑标准可由各地人民法院结合案件具体情况和本地实际确定。各地人民法院要依法审慎稳妥把握好案件的法律适用和政策适用，争取社会效果和法律效果的统一。

三、各地人民法院在审理走私犯罪案件中遇到的新情况新问题，请及时层报最高人民法院。

特此通知。

二〇一一年四月二十六日

最高人民法院关于审理走私刑事案件具体应用法律若干问题的解释（二）

（2006年7月31日最高人民法院审判委员会第1396次会议通过）

法释〔2006〕9号

为依法惩治走私犯罪活动，根据刑法和刑法修正案（四）的规定，现就人民法院审理走私刑事案件具体应用法律的若干问题补充解释如下：

第一条　走私各种口径在六十毫米以下常规炮弹、手榴弹或者枪榴弹等分别或者合计不满五枚的，属于刑法第一百五十一条第一款规定的“情节较轻”，以走私弹药罪判处三年以上七年以下有期徒刑，并处罚金。

走私各种口径在六十毫米以下常规炮弹、手榴弹或者枪榴弹等分别或者合计达到五枚以上不满十枚，或者走私各种口径超过六十毫米以上常规炮弹合计不满五枚的，依照刑法第一百五十一条第一款规定，以走私弹药罪判处七年以上有期徒刑，并处罚金或者没收财产。

走私本条第二款规定的各种弹药，数量超过该款规定的数量标准，或者走私具有巨大杀伤力的非常规炮弹一枚以上的，属于刑法第一百五十一条第四款规定的“情节特别严重”，以走私弹药罪判处无期徒刑或者死刑，并处没收财产。

第二条　走私各种弹药的弹头、弹壳，构成犯罪的，依照刑法第一百五十一条第一款规定，以走私弹药罪定罪处罚。

走私报废或者无法组装并使用的各种弹药的弹头、弹壳，构成犯罪的，以走私普通货物、物品罪定罪处罚；经国家有关技术部门鉴定为废物的，以走私废物罪定罪处罚。

对走私的各种弹药的弹头、弹壳是否属于“报废或者无法组装并使用”的，可由国家有关技术部门进行鉴定。

第三条　走私各种炮弹、手榴弹、枪榴弹的弹头、弹壳的定罪量刑数量标准，按照本解释第一条规定的定罪量刑数量标准的五倍执行。

走私军用子弹、非军用子弹的弹头、弹壳的定罪量刑数量标准，按照最高人民法院法释〔2000〕30号《关于审理走私刑事案件具体应用法律若干问题的解释》第一条规定的关于走私军用子弹或者非军用子弹的定罪量刑数量标准的五倍执行。

第四条 实施本解释第一条、第二条规定的走私犯罪行为，符合最高人民法院法释〔2000〕30号《关于审理走私刑事案件具体应用法律若干问题的解释》第一条的第一款第（三）项、第二款第（三）项、第三款第（三）项和第（四）项规定的相应情形的，按照该解释有关规定的处罚原则处理。

第五条 对在走私的普通货物、物品或者废物中藏匿刑法第一百五十一条、第一百五十二条、第三百四十七条、第三百五十条规定的货物、物品，构成犯罪的，以实际走私的货物、物品定罪处罚；构成数罪的，实行数罪并罚。

第六条 逃避海关监管，走私国家禁止进口的废物或者国家限制进口的可用作原料的废物，具有下列情形之一的，属于刑法第一百五十二条第二款规定的“情节严重”，以走私废物罪判处五年以下有期徒刑，并处或者单处罚金：

（一）走私国家禁止进口的危险性固体废物、液态废物分别或者合计达到一吨以上不满五吨的；

（二）走私国家禁止进口的非危险性固体废物、液态废物分别或者合计达到五吨以上不满二十五吨的；

（三）未经许可，走私国家限制进口的可用作原料的固体废物、液态废物分别或者合计达到二十吨以上不满一百吨的；

（四）走私国家禁止进口的废物并造成重大环境污染事故。

第七条 走私国家禁止进口的废物或者国家限制进口的可用作原料的废物的数量，超过本解释第六条规定的数量标准，或者达到了规定的数量标准并造成重大环境污染事故，或者虽未达到规定的数量标准但造成重大环境污染事故且后果特别严重的，属于刑法第一百五十二条第二款规定的“情节特别严重”，以走私废物罪判处五年以上有期徒刑，并处罚金。

第八条 经许可进口国家限制进口的可用作原料的废物时，偷逃应缴税额，构成犯罪的，应当依照刑法第一百五十三条规定，以走私普通货物罪定罪处罚；既未经许可，又偷逃应缴税额，同时构成走私废物罪和走私普通货物罪的，应当按照刑法处罚较重的规定定罪处罚。

虽经许可，但超过许可数量进口国家限制进口的可用作原料的废物，超过部分以未经许可论。

第九条　走私置于容器中的气态废物的，参照本解释规定的有关固体废物、液态废物的定罪数量标准和处罚原则处理。

国家限制进口的可用作原料的废物的具体种类，按照国家有关部门规定执行。

第十条　本解释施行后，最高人民法院法释〔2000〕30号《关于审理走私刑事案件具体应用法律若干问题的解释》中有关走私固体废物犯罪的规定不再执行。

最高人民法院　最高人民检察院
关于办理走私刑事案件适用法律
若干问题的解释

法释〔2014〕10号

（2014年2月24日最高人民法院审判委员会第1608次会议、2014年6月13日最高人民检察院第十二届检察委员会第23次会议通过）

为依法惩治走私犯罪活动，根据刑法有关规定，现就办理走私刑事案件适用法律的若干问题解释如下：

第一条　走私武器、弹药，具有下列情形之一的，可以认定为刑法第一百五十一条第一款规定的“情节较轻”：

（一）走私以压缩气体等非火药为动力发射枪弹的枪支二支以上不满五支的；

（二）走私气枪铅弹五百发以上不满二千五百发，或者其他子弹十发以上不满五十发的；

（三）未达到上述数量标准，但属于犯罪集团的首要分子，使用特种车辆从事走私活动，或者走私的武器、弹药被用于实施犯罪等情形的；

（四）走私各种口径在六十毫米以下常规炮弹、手榴弹或者枪榴弹等分别或者合计不满五枚的。

具有下列情形之一的，依照刑法第一百五十一条第一款的规定处七年以上有期徒刑，并处罚金或者没收财产：

（一）走私以火药为动力发射枪弹的枪支一支，或者以压缩气体等非火药为动力发射枪弹的枪支五支以上不满十支的；

（二）走私第一款第二项规定的弹药，数量在该项规定的最高数量以上不满最高数量五倍的；

（三）走私各种口径在六十毫米以下常规炮弹、手榴弹或者枪榴弹等分别或者合计达到五枚以上不满十枚，或者各种口径超过六十毫米以上常规炮弹合计不满五枚的；

（四）达到第一款第一、二、四项规定的数量标准，且属于犯罪集团的首要分子，使用特种车辆从事走私活动，或者走私的武器、弹药被用于实施犯罪等情形的。

具有下列情形之一的，应当认定为刑法第一百五十一条第一款规定的“情节特别严重”：

（一）走私第二款第一项规定的枪支，数量超过该项规定的数量标准的；

（二）走私第一款第二项规定的弹药，数量在该项规定的最高数量标准五倍以上的；

（三）走私第二款第三项规定的弹药，数量超过该项规定的数量标准，或者走私具有巨大杀伤力的非常规炮弹一枚以上的；

（四）达到第二款第一项至第三项规定的数量标准，且属于犯罪集团的首要分子，使用特种车辆从事走私活动，或者走私的武器、弹药被用于实施犯罪等情形的。

走私其他武器、弹药，构成犯罪的，参照本条各款规定的标准处罚。

第二条　刑法第一百五十一条第一款规定的“武器、弹药”的种类，参照《中华人民共和国进口税则》及《中华人民共和国禁止进出境物品表》的有关规定确定。

第三条　走私枪支散件，构成犯罪的，依照刑法第一百五十一条第一款的规定，以走私武器罪定罪处罚。成套枪支散件以相应数量的枪支计，非成套枪支散件以每三十件为一套枪支散件计。

第四条　走私各种弹药的弹头、弹壳，构成犯罪的，依照刑法第一百五十一条第一款的规定，以走私弹药罪定罪处罚。具体的定罪量刑标准，按照本解释第一条规定的数量标准的五倍执行。

走私报废或者无法组装并使用的各种弹药的弹头、弹壳，构成犯罪的，依照刑法第一百五十三条的规定，以走私普通货物、物品罪定罪处罚；属于废物的，依照刑法第一百五十二条第二款的规定，以走私废物罪定罪处罚。

弹头、弹壳是否属于前款规定的“报废或者无法组装并使用”或者“废物”，由国家有关技术部门进行鉴定。

第五条　走私国家禁止或者限制进出口的仿真枪、管制刀具，构成犯罪的，依照刑法第一百五十一条第三款的规定，以走私国家禁止进出口的货物、物品罪定罪处罚。具体的定罪量刑标准，适用本解释第十一条第一款第六、七项和第二款的规定。

走私的仿真枪经鉴定为枪支，构成犯罪的，依照刑法第一百五十一条第一款的规定，以走私武器罪定罪处罚。不以牟利或者从事违法犯罪活动为目的，且无其他严重情节的，可以依法从轻处罚；情节轻微不需要判处刑罚的，可以免予刑事处罚。

第六条　走私伪造的货币，数额在二千元以上不满二万元，或者数量在二百张（枚）以上不满二千张（枚）的，可以认定为刑法第一百五十一条第一款规定的“情节较轻”。

具有下列情形之一的，依照刑法第一百五十一条第一款的规定处七年以上有期徒刑，并处罚金或者没收财产：

（一）走私数额在二万元以上不满二十万元，或者数量在二千张（枚）以上不满二万张（枚）的；

（二）走私数额或者数量达到第一款规定的标准，且具有走私的伪造货币流入市场等情节的。

具有下列情形之一的，应当认定为刑法第一百五十一条第一款规定的“情节特别严重”：

（一）走私数额在二十万元以上，或者数量在二万张（枚）以上的；

（二）走私数额或者数量达到第二款第一项规定的标准，且属于犯罪集团的首要分子，使用特种车辆从事走私活动，或者走私的伪造货币流入市场等情形的。

第七条　刑法第一百五十一条第一款规定的“货币”，包括正在流通的人民币和境外货币。伪造的境外货币数额，折合成人民币计算。

第八条　走私国家禁止出口的三级文物二件以下的，可以认定为刑法第一百五十一条第二款规定的“情节较轻”。

具有下列情形之一的，依照刑法第一百五十一条第二款的规定处五年以上十年以下有期徒刑，并处罚金：

（一）走私国家禁止出口的二级文物不满三件，或者三级文物三件以上不满九件的；

（二）走私国家禁止出口的三级文物不满三件，且具有造成文物严重毁损或者无法追回等情节的。

具有下列情形之一的，应当认定为刑法第一百五十一条第二款规定的“情节特别严重”：

（一）走私国家禁止出口的一级文物一件以上，或者二级文物三件以上，或者三级文物九件以上的；

（二）走私国家禁止出口的文物达到第二款第一项规定的数量标准，且属于犯罪集团的首要分子，使用特种车辆从事走私活动，或者造成文物严重毁损、无法追回等情形的。

第九条 走私国家一、二级保护动物未达到本解释附表中（一）规定的数量标准，或者走私珍贵动物制品数额不满二十万元的，可以认定为刑法第一百五十一条第二款规定的“情节较轻”。

具有下列情形之一的，依照刑法第一百五十一条第二款的规定处五年以上十年以下有期徒刑，并处罚金：

（一）走私国家一、二级保护动物达到本解释附表中（一）规定的数量标准的；

（二）走私珍贵动物制品数额在二十万元以上不满一百万元的；

（三）走私国家一、二级保护动物未达到本解释附表中（一）规定的数量标准，但具有造成该珍贵动物死亡或者无法追回等情节的。

具有下列情形之一的，应当认定为刑法第一百五十一条第二款规定的“情节特别严重”：

（一）走私国家一、二级保护动物达到本解释附表中（二）规定的数量标准的；

（二）走私珍贵动物制品数额在一百万元以上的；

（三）走私国家一、二级保护动物达到本解释附表中（一）规定的数量标准，且属于犯罪集团的首要分子，使用特种车辆从事走私活动，或者造成该珍贵动物死亡、无法追回等情形的。

不以牟利为目的，为留作纪念而走私珍贵动物制品进境，数额不满十万元的，可以免予刑事处罚；情节显著轻微的，不作为犯罪处理。

第十条 刑法第一百五十一条第二款规定的“珍贵动物”，包括列入《国家重点保护野生动物名录》中的国家一、二级保护野生动物，《濒危野生动植物种国际贸易公约》附录Ⅰ、附录Ⅱ中的野生动物，以及驯养繁殖的上述动物。

走私本解释附表中未规定的珍贵动物的，参照附表中规定的同属或者同科动物的数量标准执行。

走私本解释附表中未规定珍贵动物的制品的，按照《最高人民法院、最高人民检察院、国家林业局、公安部、海关总署关于破坏野生动物资源刑事案件中涉及的CITES附录I和附录II所列陆生野生动物制品价值核定问题的通知》（林濒发〔2012〕239号）的有关规定核定价值。

第十一条 走私国家禁止进出口的货物、物品，具有下列情形之一的，依照刑法第一百五十一条第三款的规定处五年以下有期徒刑或者拘役，并处或者单处罚金：

（一）走私国家一级保护野生植物五株以上不满二十五株，国家二级保护野生植物十株以上不满五十株，或者珍稀植物、珍稀植物制品数额在二十万元以上不满一百万元的；

（二）走私重点保护古生物化石或者未命名的古生物化石不满十件，或者一般保护古生物化石十件以上不满五十件的；

（三）走私禁止进出口的有毒物质一吨以上不满五吨，或者数额在二万元以上不满十万元的；

（四）走私来自境外疫区的动植物及其产品五吨以上不满二十五吨，或者数额在五万元以上不满二十五万元的；

（五）走私木炭、硅砂等妨害环境、资源保护的货物、物品十吨以上不满五十吨，或者数额在十万元以上不满五十万元的；

（六）走私旧机动车、切割车、旧机电产品或者其他禁止进出口的货物、物品二十吨以上不满一百吨，或者数额在二十万元以上不满一百万元的；

（七）数量或者数额未达到本款第一项至第六项规定的标准，但属于犯罪集团的首要分子，使用特种车辆从事走私活动，造成环境严重污染，或者引起甲类传染病传播、重大动植物疫情等情形的。

具有下列情形之一的，应当认定为刑法第一百五十一条第三款规定的“情节严重”：

（一）走私数量或者数额超过前款第一项至第六项规定的标准的；

（二）达到前款第一项至第六项规定的标准，且属于犯罪集团的首要分子，使用特种车辆从事走私活动，造成环境严重污染，或者引起甲类传染病传播、重大动植物疫情等情形的。

第十二条 刑法第一百五十一条第三款规定的“珍稀植物”，包括列入

《国家重点保护野生植物名录》《国家重点保护野生药材物种名录》《国家珍贵树种名录》中的国家一、二级保护野生植物、国家重点保护的野生药材、珍贵树木，《濒危野生动植物种国际贸易公约》附录1、附录II中的野生植物，以及人工培育的上述植物。

本解释规定的“古生物化石”，按照《古生物化石保护条例》的规定予以认定。走私具有科学价值的古脊椎动物化石、古人类化石，构成犯罪的，依照刑法第一百五十一条第二款的规定，以走私文物罪定罪处罚。

第十三条 以牟利或者传播为目的，走私淫秽物品，达到下列数量之一的，可以认定为刑法第一百五十二条第一款规定的“情节较轻”：

（一）走私淫秽录像带、影碟五十盘（张）以上不满一百盘（张）的；

（二）走私淫秽录音带、音碟一百盘（张）以上不满二百盘（张）的；

（三）走私淫秽扑克、书刊、画册一百副（册）以上不满二百副（册）的；

（四）走私淫秽照片、画片五百张以上不满一千张的；

（五）走私其他淫秽物品相当于上述数量的。

走私淫秽物品在前款规定的最高数量以上不满最高数量五倍的，依照刑法第一百五十二条第一款的规定处三年以上十年以下有期徒刑，并处罚金。

走私淫秽物品在第一款规定的最高数量五倍以上，或者在第一款规定的最高数量以上不满五倍，但属于犯罪集团的首要分子，使用特种车辆从事走私活动等情形的，应当认定为刑法第一百五十二条第一款规定的“情节严重”。

第十四条 走私国家禁止进口的废物或者国家限制进口的可用作原料的废物，具有下列情形之一的，应当认定为刑法第一百五十二条第二款规定的“情节严重”：

（一）走私国家禁止进口的危险性固体废物、液态废物分别或者合计达到一吨以上不满五吨的；

（二）走私国家禁止进口的非危险性固体废物、液态废物分别或者合计达到五吨以上不满二十五吨的；

（三）走私国家限制进口的可用作原料的固体废物、液态废物分别或者合计达到二十吨以上不满一百吨的；

（四）未达到上述数量标准，但属于犯罪集团的首要分子，使用特种车辆从事走私活动，或者造成环境严重污染等情形的。

具有下列情形之一的，应当认定为刑法第一百五十二条第二款规定的

“情节特别严重”：

（一）走私数量超过前款规定的标准的；

（二）达到前款规定的标准，且属于犯罪集团的首要分子，使用特种车辆从事走私活动，或者造成环境严重污染等情形的；

（三）未达到前款规定的标准，但造成环境严重污染且后果特别严重的。

走私置于容器中的气态废物，构成犯罪的，参照前两款规定的标准处罚。

第十五条 国家限制进口的可用作原料的废物的具体种类，参照国家有关部门的规定确定。

第十六条 走私普通货物、物品，偷逃应缴税额在十万元以上不满五十万元的，应当认定为刑法第一百五十三条第一款规定的“偷逃应缴税额较大”；偷逃应缴税额在五十万元以上不满二百五十万元的，应当认定为“偷逃应缴税额巨大”；偷逃应缴税额在二百五十万元以上的，应当认定为“偷逃应缴税额特别巨大”。

走私普通货物、物品，具有下列情形之一，偷逃应缴税额在三十万元以上不满五十万元的，应当认定为刑法第一百五十三条第一款规定的“其他严重情节”；偷逃应缴税额在一百五十万元以上不满二百五十万元的，应当认定为“其他特别严重情节”：

（一）犯罪集团的首要分子；

（二）使用特种车辆从事走私活动的；

（三）为实施走私犯罪，向国家机关工作人员行贿的；

（四）教唆、利用未成年人、孕妇等特殊人群走私的；

（五）聚众阻挠缉私的。

第十七条 刑法第一百五十三条第一款规定的“一年内曾因走私被给予二次行政处罚后又走私”中的“一年内”，以因走私第一次受到行政处罚的生效之日与“又走私”行为实施之日的时间间隔计算确定；“被给予二次行政处罚”的走私行为，包括走私普通货物、物品以及其他货物、物品；“又走私”行为仅指走私普通货物、物品。

第十八条 刑法第一百五十三条规定的“应缴税额”，包括进出口货物、物品应当缴纳的进出口关税和进口环节海关代征税的税额。应缴税额以走私行为实施时的税则、税率、汇率和完税价格计算；多次走私的，以每次走私行为实施时的税则、税率、汇率和完税价格逐票计算；走私行为实施时间不能确定的，以案发时的税则、税率、汇率和完税价格计算。

刑法第一百五十三条第三款规定的“多次走私未经处理”，包括未经行政处理和刑事处理。

第十九条 刑法第一百五十四条规定的“保税货物”，是指经海关批准，未办理纳税手续进境，在境内储存、加工、装配后应予复运出境的货物，包括通过加工贸易、补偿贸易等方式进口的货物，以及在保税仓库、保税工厂、保税区或者免税商店内等储存、加工、寄售的货物。

第二十条 直接向走私人非法收购走私进口的货物、物品，在内海、领海、界河、界湖运输、收购、贩卖国家禁止进出口的物品，或者没有合法证明，在内海、领海、界河、界湖运输、收购、贩卖国家限制进出口的货物、物品，构成犯罪的，应当按照走私货物、物品的种类，分别依照刑法第一百五十一条、第一百五十二条、第一百五十三条、第三百四十七条、第三百五十条的规定定罪处罚。

刑法第一百五十五条第二项规定的“内海”，包括内河的入海口水域。

第二十一条 未经许可进出口国家限制进出口的货物、物品，构成犯罪的，应当依照刑法第一百五十一条、第一百五十二条的规定，以走私国家禁止进出口的货物、物品罪等罪名定罪处罚；偷逃应缴税额，同时又构成走私普通货物、物品罪的，依照处罚较重的规定定罪处罚。

取得许可，但超过许可数量进出口国家限制进出口的货物、物品，构成犯罪的，依照刑法第一百五十三条的规定，以走私普通货物、物品罪定罪处罚。

租用、借用或者使用购买的他人许可证，进出口国家限制进出口的货物、物品的，适用本条第一款的规定定罪处罚。

第二十二条 在走私的货物、物品中藏匿刑法第一百五十一条、第一百五十二条、第三百四十七条、第三百五十条规定的货物、物品，构成犯罪的，以实际走私的货物、物品定罪处罚；构成数罪的，实行数罪并罚。

第二十三条 实施走私犯罪，具有下列情形之一的，应当认定为犯罪既遂：

（一）在海关监管现场被查获的；

（二）以虚假申报方式走私，申报行为实施完毕的；

（三）以保税货物或者特定减税、免税进口的货物、物品为对象走私，在境内销售的，或者申请核销行为实施完毕的。

第二十四条 单位犯刑法第一百五十一条、第一百五十二条规定之罪，依照本解释规定的标准定罪处罚。

单位犯走私普通货物、物品罪，偷逃应缴税额在二十万元以上不满一百万元的，应当依照刑法第一百五十三条第二款的规定，对单位判处罚金，并对其直接负责的主管人员和其他直接责任人员，处三年以下有期徒刑或者拘役；偷逃应缴税额在一百万元以上不满五百万元的，应当认定为“情节严重”；偷逃应缴税额在五百万元以上的，应当认定为“情节特别严重”。

第二十五条　本解释发布实施后，《最高人民法院关于审理走私刑事案件具体应用法律若干问题的解释》（法释〔2000〕30号）、《最高人民法院关于审理走私刑事案件具体应用法律若干问题的解释（二）》（法释〔2006〕9号）同时废止。之前发布的司法解释与本解释不一致的，以本解释为准。

最高人民法院、最高人民检察院于2014年9月9日联合发布了《关于办理走私刑事案件适用法律若干问题的解释》（法释〔2014〕10号，以下简称《解释》）。为便于理解和适用，现对《解释》的制定背景和主要内容作如下说明：

一、制定《解释》的背景

就走私犯罪的法律适用问题制定司法解释，主要有以下三个方面的考虑：

一是修订后的部分走私犯罪尚无明确的定罪量刑标准。立法机关对走私犯罪的刑法规定进行了多次修正，其中，《刑法修正案（七）》以走私珍贵植物、珍贵植物制品罪的刑法规定为基础，增设了走私国家禁止进出口的货物、物品罪；《刑法修正案（八）》对走私普通货物、物品罪的定罪量刑标准作了重要调整，删去了具体数额标准，代之以偷逃应缴税额较大、巨大等概括性表述，同时增加了小额多次走私行为的处罚规定。这些增设和调整后的罪名的定罪量刑标准的具体掌握，急需制定司法解释予以明确。

二是走私犯罪案件办理当中还存在一些争议较大的问题。有些是属于长期以来一直悬而未决的复杂疑难问题，例如，多数走私犯罪因现场查获而案发，而且查获的环节因走私方式的不同又有差别，对于海关现场查获的走私犯罪，是一概认定为犯罪既遂还是需要区分情形具体认定，实践中做法不一；有些则属于刑法修正后出现的新问题，例如，《刑法修正案（七）》设立走私国家禁止进出口的货物、物品罪之后，未经许可走私限制进出口的货物、物品，应以走私普通货物、物品罪还是走私国家禁止进出口的货物、物品罪定罪处罚，实践中存在疑虑。这些问题严重影响到了司法的统一性和严肃性，需要制定司法解释加以规范。

三是此前发布的司法解释的一些规定不能适应办案实践的需要。其中，有些规定司法操作上存在困难，例如，2000年《最高人民法院关于审理走私刑事案件具体应用法律若干问题的解释》（以下简称《走私解释（一）》）将走私武器、弹药罪中的枪支、子弹按照按军用和非军用进行分类并据此确定不同的定罪量刑标准，实践中反映，司法鉴定通常不涉及该方面内容，解释规定与鉴定意见不能做到有机衔接；有些规定所依据的经济社会状况已经发生了重大变化，例如，《走私解释（一）》根据当时的经济社会状况规定单位走私普通货物、物品罪的定罪量刑标准按照自然人犯罪数额标准的五倍掌握，随着公司准入门槛的不断降低，小微企业的大量涌现以及单位走私犯罪数量的急剧攀升，实践中反映，该比例规定明显偏高，与当前单位走私犯罪的实际情况严重不符。这些问题在一定程度上影响到了惩治走私犯罪的实际效果，需要及时加以调整。

综上，最高人民法院、最高人民检察院会同海关总署研究决定继2000年《走私解释（一）》、2006年《最高人民法院关于办理走私刑事案件具体应用法律若干问题的解释（二）》（以下简称《走私解释（二）》）之后，再次就走私犯罪的法律适用问题制定司法解释。同时，为确保司法解释的完整和内在协调一致，方便实践部门查找适用，决定将《走私解释（一）》《走私解释（二）》重新梳理编纂，统一整合至新制定的司法解释。据此，经认真调研，广泛听取有关单位的意见，制定出台了本《解释》。

二、主要内容

《解释》共计25条，涵盖了走私犯罪法律适用方方面面的问题，摘要说明如下：

（一）关于走私武器、弹药罪的定罪量刑标准

1.枪支的划分。《走私解释（一）》第一条将枪支划分为“军用”与“非军用”，并据此规定了不同的定罪量刑标准。《解释》将之调整为“以火药为动力发射枪弹的枪支”和“以压缩气体等非火药为动力发射枪弹的枪支”，主要出于以下考虑：（1）“军用”“非军用”是按照枪支使用者身份和用途的不同进行的划分，这种分类方法不能准确反映枪支杀伤力的大小，且没有明确的法律依据；（2）根据《公安机关涉案枪支弹药性能鉴定工作规定》（公通字

〔2010〕67 号）的规定，枪支鉴定机构对枪支只作“制式”“非制式”的鉴定，鉴定意见与司法解释规定不能有机衔接；（3）相关司法解释为该问题的处理提供了有益借鉴。2001 年《最高人民法院关于审理非法制造、买卖、运输枪支、弹药、爆炸物等刑事案件具体应用法律若干问题的解释》将枪支按发射动力的不同，分为“军用枪支”“以火药为动力发射枪弹的非军用枪支”和“以压缩气体等为动力的其他非军用枪支”，并就前两种枪支规定了相同的定罪量刑标准。这样的规定正是考虑到无论是军用还是非军用枪支，只要是以火药为动力发射枪弹，杀伤力基本相当，而以压缩气体为动力发射枪弹的枪支，其杀伤力通常要小于以火药为动力发射枪弹的枪支。

2. 弹药的划分。出于同样的考虑，《解释》第一条将《走私解释（一）》中关于“军用子弹”和“非军用子弹”的分类调整为“气枪铅弹”和“其他子弹”之分。另外，从司法实践中查获的走私气枪铅弹进境的案件来看，行为人多是出于个人爱好等原因走私，查获的气枪铅弹的杀伤力也远小于其他以火药为动力发射的子弹，且气枪铅弹体积较小，往往查获的数量较大。因此，相较于“其他子弹”，对走私气枪铅弹的处罚规定了较高的数量标准。

（二）关于走私仿真枪、管制刀具行为的定罪处罚

1. 走私仿真枪、管制刀具行为的性质认定。《走私解释（一）》规定，走私管制刀具、仿真枪支构成犯罪的，以走私普通货物、物品罪定罪处罚。《解释》第五条明确，此类行为以走私国家禁止进出口的货物、物品罪定罪处罚。主要理由如下：（1）根据《治安管理处罚法》等法律以及《海关总署关于将仿真武器列为禁止进出境物品的通知》等规范性文件的规定，仿真枪、管制刀具属于禁止或限制进出口的货物、物品，并非普通货物、物品；（2）仿真枪、管制刀具属于非涉税货物、物品，而走私普通货物、物品罪属于数额犯，以偷逃一定数额的应缴税款为定罪条件，实践中不得已往往只好参照玩具或是厨具来核定仿真枪、管制刀具的偷逃税额；（3）《刑法修正（七）》增设了走私国家禁止进出口的货物、物品罪，走私仿真枪、管制刀具的行为理当一并纳入该罪处理。

2. 走私鉴定为枪支的仿真枪行为的处罚。根据有关枪支性能鉴定标准及仿真枪管理的规定，仿真枪所发射弹丸的枪口比动能大于等于 1.8 焦耳 / 平方厘米时，一律认定为枪支。据此，《解释》第五条第二款规定，走私的仿真枪经鉴定为枪支，构成犯罪的，应以走私武器罪定罪处罚。同时，考虑到实践

中查获的仿真枪多是刚达到前述枪支鉴定标准，行为人走私仿真枪多是出于个人爱好等原因，并非是出于违法犯罪活动的目的走私，对其处理应与其他走私枪支的行为有所区别。为此，《解释》第五条第二款规定，走私的仿真枪虽经鉴定为枪支并构成犯罪，但不是以牟利或者从事违法犯罪活动为目的走私，且无其他严重情节的，可以依法从宽处理。

（三）关于走私珍贵动物制品罪的定罪处罚

1. 走私珍贵动物制品罪的定罪量刑标准。《解释》第九条将《走私解释（一）》规定的“十万元以下”“十万元以上不满二十万元”“二十万元以上”三个量刑档次数额标准分别调整为“二十万元以下”“二十万元以上不满一百万元”“一百万元以上”，主要考虑是：珍贵动物制品的核定价值较高，走私少量珍贵动物制品其价值即可能超过 20 万元，按《走私解释（一）》规定，多数走私珍贵动物制品犯罪均应在 10 年以上有期徒刑或者无期徒刑判处刑罚，实践中普遍反映量刑过重。为切实解决走私珍贵动物制品罪重刑积聚严重的问题，在深入调研的基础上，《解释》大幅拉开了不同量刑档次的数额级差，以此赋予司法机关更大的刑罚裁量空间，确保罪刑相适应。

2. 走私珍贵动物制品罪的从宽处理。随着对外经济、文化交流的不断扩大，出入境人员的数量急剧增加，一些境外务工、旅游人员出于留作个人纪念的目的，将在境外购买的少量珍贵动物制品非法携带入境的现象时有发生。对于此种主观恶性不大、社会危害性较小的情形，需要按照宽严相济刑事政策的精神要求，在处理上与以牟利为目的的走私珍贵动物制品行为有所区别，以此突出刑事打击重点，适当控制刑事打击面。为此，《解释》第九条第四款规定，不以牟利为目的，为留作纪念而走私珍贵动物制品进境，数额不满十万元的，可以免予刑事处罚；情节显著轻微，不构成犯罪的，按一般行政违法行为处理。

（四）关于走私普通货物、物品罪的定罪处罚

1. 走私普通货物、物品罪定罪量刑的数额标准。《刑法修正案（八）》取消了走私普通货物、物品罪中的具体数额规定，将该罪定罪量刑的数额标准留给司法解释来解决。《解释》第 16 条规定，自然人走私普通货物、物品偷逃应缴税额 10 万元、50 万元、250 万元分别为偷逃应缴税额较大、巨大、特别巨大的起点数额，较之于修正前刑法确定的 5 万元、15 万元、50 万元的数额标准，《解释》作了较大幅度的上提。其主要考虑是：（1）随着经济社会发

展水平的不断提高，有必要对经济犯罪的数额标准相应地作出适度调整。与1997年刑法颁布时相比，2011年《刑法修正案（八）》出台时的全国城镇居民人均可支配收入以及农村居民人均纯收入分别增长了4.6倍和3.7倍。(2)走私普通货物、物品罪的定罪处罚标准与其他近似犯罪有必要保持基本平衡。刑法中骗取出口退税罪等涉税犯罪与走私普通货物、物品罪较为接近，根据2002年《最高人民法院关于审理骗取出口退税刑事案件具体应用法律若干问题的解释》的规定，骗取出口退税“数额较大”“数额巨大”“数额特别巨大”的标准分别为5万元、50万元、250万元。(3)为确保罪刑均衡，有必要进一步拉大不同量刑档次数额标准的倍比关系。将刑法原规定的大致3倍的比例关系调整为5倍，有利于克服重者不重、轻者不轻的问题，更好地体现轻轻重重的政策要求。

2. 小额多次走私的认定。《刑法修正案（八）》将小额多次走私行为纳入了刑事打击范畴。对于刑法规定中的“一年内曾因走私被给予二次行政处罚后又走私”的具体理解，实践中存在意见分歧，集中体现在“一年内”的时间计算和走私对象的范围两个方面。为规范司法认定，《解释》第十七条明确，“一年内”应以因走私第一次受到行政处罚的生效之日与“又走私”行为实施之日的时间间隔计算确定；已受行政处罚的走私行为的对象不受普通货物、物品的限制，但是“又走私”行为的对象必须是普通货物、物品。

3. 应缴税额的计算依据。《走私解释（一）》规定，应缴税额以走私行为案发时的税则、税率、汇率和完税价格计算。对此，实践中反映，关税政策性强，税率调整较为频繁，偷逃税额一概以案发时为准，不够客观、公允。鉴此，《解释》第十八条参照经济犯罪数额认定的通行做法，确定了行为实施时为主、案发时为辅的计算原则，即：应缴税额以走私行为实施时的税则、税率、汇率和完税价格计算；走私行为实施时间不能确定的，以案发时的税则、税率、汇率和完税价格计算。

（五）走私国家限制进出口的货物、物品行为的定罪处罚

1. 未经许可进出口国家限制进出口的货物、物品行为的性质认定。《解释》第二十一条明确，未经许可进出口国家限制进出口的货物、物品，应当依照刑法第一百五十一条、第一百五十二条的规定，以走私国家禁止进出口的货物、物品罪等罪名定罪处罚。起草过程中有意见提出，限制进出口的货物、物品不同于禁止进出口的货物、物品，未经许可走私国家限制进出口的

货物、物品，如果限制进出口的货物、物品属于涉税货物、物品的，应以走私普通货物、物品罪定罪处罚；属于非涉税货物、物品的，可不作犯罪处理。《解释》未采纳该意见，主要考虑是：禁止进出口货物、物品包括绝对禁止和相对禁止两种，刑法规定的禁止进出口不限于绝对禁止的情形。例如，针对部分驯养繁殖的野生动植物及其制品在经国务院行政主管部门批准并取得证明书的情况下可以合法进出口的问题，全国人大常委会法工委刑法室在回复有关单位的意见中明确指出："刑法第一百五十一条规定的走私国家禁止进出口的珍贵动物、珍稀植物及其制品的行为，是指走私未经国家有关部门批准，并取得相应进出口证明的珍贵动物、珍稀植物及其制品的行为。"

2. 使用他人许可证进出口国家限制进出口的货物、物品行为的处理。实践中大量存在租用、借用或者使用购买的他人许可证进出口国家限制进出口的货物、物品的情形。经研究，此情形同样属于未经许可走私国家禁止进出口货物、物品的行为，应一并纳入走私国家禁止进出口的货物、物品犯罪处理。适用本规定时需要注意与取得许可证但超过许可数量进出口行为的区分，对于后者应依法以走私普通货物、物品罪处理。

3. 既逃证又逃税行为的处理。部分限制进出口的货物、物品的进出口除要求取得行政主管部门核发的许可文件之外，还需要向海关缴纳一定的税额，走私此类货物、物品还有可能同时构成走私普通货物、物品罪。按照竞合犯的一般处理原则，《解释》明确，未经许可进出口国家限制进出口的货物、物品，偷逃应缴税额，同时又构成走私普通货物、物品罪的，依照处罚较重的规定定罪处罚。

（六）走私犯罪既未遂的认定

走私犯罪有无未遂以及未遂的认定标准，实践中长期存在意见分歧。一种意见认为，走私犯罪属于行为犯，不存在未遂形态；另一种意见认为，走私犯罪属于结果犯，只有成功逃避海关监管的才成立既遂。经研究，行为犯同样存在未遂形态，犯罪既未遂的认定标准，需要结合某一类犯罪的实际情况予以具体确定。基于走私犯罪表现形式的多样性、行为实施的多环节性以及查获的现场性等特点，《解释》第二十三条区分情形对走私犯罪的既未遂认定标准作出了具体规定，即："实施走私犯罪，具有下列情形之一的，应当认定为犯罪既遂：（一）在海关监管现场被查获的；（二）以虚假申报方式走私，申报行为实施完毕的；（三）以保税货物或者特定减税、免税进口的货物、物品为对象走私，在境内销售的，或者申请核销行为实施完毕的。”其中，规定不论何种形式的走私，凡是在海关监管现场被查获的一概以犯罪既遂处理，主要是考虑到，走私犯罪因海关监管现场查获而案发的情况较为普遍，如果将成功逃避海关监管作为既未遂的界定标准，绝大多数走私犯罪都将按未遂处理，既不利于对于走私犯罪的有效惩治，也与立法初衷不符。规定虚假申报行为实施完毕即构成既遂，主要是考虑到，申报通关走私行为主要体现为申报环节，申报之后的海关审单、查验环节不再受走私犯罪行为人的意志支配。规定后续走私除了销售之外申请核销行为实施完毕的也应以既遂处理，主要是考虑到实践中一些申请核销行为发生在销售之前，而相对于销售而言，申请核销对于走私犯罪是否完成的认定更具实质性意义。

（七）单位走私犯罪的定罪量刑标准

1. 单位走私普通货物、物品罪的定罪量刑标准。《走私解释（一）》规定单位走私普通货物、物品罪的定罪量刑标准按照自然人犯罪标准的 5 倍掌握。《解释》第二十四条将之下调为自然人犯罪标准的2倍，主要有以下几点考虑：第一，刑法第一百五十三条对于走私普通货物、物品罪区分单位犯罪和自然人犯罪配置了不同的法定刑，其中单位犯罪的刑罚明显要轻于自然人犯罪，这一点在确定单位犯罪的定罪量刑标准时也应有所体现；第二，随着公司设立门槛的不断降低，单位走私犯罪数量的急剧攀升，单位利益与个人利益更趋紧密，在预留出行政处罚必要空间的基础上，单位犯罪的定罪量刑标准与自然人犯罪不宜拉开过大；第三，按照 2 倍标准把握，《解释》实际上将《走私解释（一）》原确定的 25 万元、75 万元、250 万元三个量刑档次起点数额调整为 20 万元、100 万元、500 万元。两相比较，入罪门槛基本相当但不同量刑档次的数额标准明显拉大，既可以避免案件总体数量的大起大落，同时也为均衡量刑预留出了更大的裁量空间。

2. 单位走私特定对象犯罪的定罪处罚标准。《解释》第二十四条沿用了《走私解释（一）》的做法，规定对单位走私特定对象犯罪适用与自然人犯罪相同的定罪处罚标准。其主要考虑有两点：一是刑法对于单位实施的走私特定对象犯罪与走私普通货物、物品罪在处罚规定上有所不同。单位犯前者罪与自然人犯罪同罪同罚，单位犯后者罪的处罚则轻于自然人犯罪，体现出了立法机关对于单位实施走私特定对象犯罪与自然人犯罪处罚上不作区分的倾向性立场。二是走私特定对象犯罪与走私普通货物、物品罪的危害性具体表现有所不同。走私普通货物、物品罪的危害性主要表现为偷逃税款及由此给国家造成的经济损失，而走私特定对象犯罪的危害性主要表现为对国家出于经济、社会、国防、环境安全等制定的管理制度的侵害，危害性质明显更为严重，依法应予更为严厉的否定评价。

最高人民法院　最高人民检察院　海关总署 关于印发《办理走私刑事案件适用法律若干问题的意见》的通知

法〔2002〕139号

各省、自治区、直辖市高级人民法院、人民检察院，解放军军事法院、军事检察院，新疆维吾尔自治区高级人民法院生产建设兵团分院、生产建设兵团人民检察院，广东分署，天津、上海特派办，各直属海关：

现将《最高人民法院、最高人民检察院、海关总署关于办理走私刑事案件适用法律若干问题的意见》印发给你们，请认真组织学习、参照执行。

中华人民共和国最高人民法院
中华人民共和国最高人民检察院
中华人民共和国海关总署
二〇〇二年七月八日

最高人民法院　最高人民检察院　海关总署
关于办理走私刑事案件适用法律若干问题的意见

为研究解决近年来公安、司法机关在办理走私刑事案件中遇到的新情况、新问题，最高人民法院、最高人民检察院、海关总署共同开展了调查研究，根据修订后的刑法及有关司法解释的规定，在总结侦查、批捕、起诉、审判工作经验的基础上，就办理走私刑事案件的程序、证据以及法律适用等问题提出如下意见：

一、关于走私犯罪案件的管辖问题

根据刑事诉讼法的规定，走私犯罪案件由犯罪地的走私犯罪侦查机关立案侦查。走私犯罪案件复杂，环节多，其犯罪地可能涉及多个犯罪行为发生地，包括货物、物品的进口（境）地、出口（境）地、报关地、核销地等。如果发生刑法第一百五十四条、第一百五十五条规定的走私犯罪行为的，走私货物、物品的销售地、运输地、收购地和贩卖地均属于犯罪行为的发生地。对有多个走私犯罪行为发生地的，由最初受理的走私犯罪侦查机关或者由主要犯罪地的走私犯罪侦查机关管辖。对管辖有争议的，由共同的上级走私犯罪侦查机关指定管辖。

对发生在海（水）上的走私犯罪案件由该辖区的走私犯罪侦查机关管辖，但对走私船舶有跨辖区连续追缉情形的，由缉获走私船舶的走私犯罪侦查机关管辖。

人民检察院受理走私犯罪侦查机关提请批准逮捕、移送审查起诉的走私犯罪案件，人民法院审理人民检察院提起公诉的走私犯罪案件，按照《最高人民法院、最高人民检察院、公安部、司法部、海关总署关于走私犯罪侦查机关办理走私犯罪案件适用刑事诉讼程序若干问题的通知》（署侦〔1998〕742 号）的有关规定执行。

二、关于电子数据证据的收集、保全问题

走私犯罪侦查机关对于能够证明走私犯罪案件真实情况的电子邮件、电子合同、电子账册、单位内部的电子信息资料等电子数据应当作为刑事证据予以收集、保全。

侦查人员应当对提取、复制电子数据的过程制作有关文字说明，记明案由、对象、内容，提取、复制的时间、地点，电子数据的规格、类别、文件格式等，并由提取、复制电子数据的制作人、电子数据的持有人和能够证明提取、复制过程的见证人签名或者盖章，附所提取、复制的电子数据一并随案移送。

电子数据的持有人不在案或者拒绝签字的，侦查人员应当记明情况；有条件的可将提取、复制有关电子数据的过程拍照或者录像。

三、关于办理走私普通货物、物品刑事案件偷逃应缴税额的核定问题

在办理走私普通货物、物品刑事案件中，对走私行为人涉嫌偷逃应缴税额的核定，应当由走私犯罪案件管辖地的海关出具《涉嫌走私的货物、物品偷逃税款海关核定证明书》（以下简称《核定证明书》）。海关出具的《核定证明书》，经走私犯罪侦查机关、人民检察院、人民法院审查确认，可以作为办案的依据和定罪量刑的证据。

走私犯罪侦查机关、人民检察院和人民法院对《核定证明书》提出异议或者因核定偷逃税额的事实发生变化，认为需要补充核定或者重新核定的，可以要求原出具《核定证明书》的海关补充核定或者重新核定。

走私犯罪嫌疑人、被告人或者辩护人对《核定证明书》有异议，向走私犯罪侦查机关、人民检察院或者人民法院提出重新核定申请的，经走私犯罪侦查机关、人民检察院或者人民法院同意，可以重新核定。

重新核定应当另行指派专人进行。

四、关于走私犯罪嫌疑人的逮捕条件

对走私犯罪嫌疑人提请逮捕和审查批准逮捕，应当依照刑事诉讼法第六十条规定的逮捕条件来办理。一般按照下列标准掌握：

（一）有证据证明有走私犯罪事实

1. 有证据证明发生了走私犯罪事实

有证据证明发生了走私犯罪事实，须同时满足下列两项条件：

（1）有证据证明发生了违反国家法律、法规，逃避海关监管的行为；

（2）查扣的或者有证据证明的走私货物、物品的数量、价值或者偷逃税额达到刑法及相关司法解释规定的起刑点。

2. 有证据证明走私犯罪事实系犯罪嫌疑人实施的

有下列情形之一，可认为走私犯罪事实系犯罪嫌疑人实施的：

（1）现场查获犯罪嫌疑人实施走私犯罪的；

（2）视听资料显示犯罪嫌疑人实施走私犯罪的；

（3）犯罪嫌疑人供认的；

（4）有证人证言指证的；

（5）有同案的犯罪嫌疑人供述的；

（6）其他证据能够证明犯罪嫌疑人实施走私犯罪的。

3. 证明犯罪嫌疑人实施走私犯罪行为的证据已经查证属实的

符合下列证据规格要求之一，属于证明犯罪嫌疑人实施走私犯罪行为的证据已经查证属实的：

（1）现场查获犯罪嫌疑人实施犯罪，有现场勘查笔录、留置盘问记录、海关扣留查问笔录或者海关查验（检查）记录等证据证实的；

（2）犯罪嫌疑人的供述有其他证据能够印证的；

（3）证人证言能够相互印证的；

（4）证人证言或者同案犯供述能够与其他证据相互印证的；

（5）证明犯罪嫌疑人实施走私犯罪的其他证据已经查证属实的。

（二）可能判处有期徒刑以上的刑罚

是指根据刑法第一百五十一条、第一百五十二条、第一百五十三条、第三百四十七条、第三百五十条等规定和《最高人民法院关于审理走私刑事案件具体应用法律若干问题的解释》等有关司法解释的规定，结合已查明的走私犯罪事实，对走私犯罪嫌疑人可能判处有期徒刑以上的刑罚。

（三）采取取保候审、监视居住等方法，尚不足以防止发生社会危险性而有逮捕必要的

主要是指：走私犯罪嫌疑人可能逃跑、自杀、串供、干扰证人作证以及伪造、毁灭证据等妨碍刑事诉讼活动的正常进行的，或者存在行凶报复、继续作案可能的。

五、关于走私犯罪嫌疑人、被告人主观故意的认定问题

行为人明知自己的行为违反国家法律法规，逃避海关监管，偷逃进出境货物、物品的应缴税额，或者逃避国家有关进出境的禁止性管理，并且希望或者放任危害结果发生的，应认定为具有走私的主观故意。

走私主观故意中的“明知”是指行为人知道或者应当知道所从事的行为是走私行为。具有下列情形之一的，可以认定为“明知”，但有证据证明确属

被蒙骗的除外：

（一）逃避海关监管，运输、携带、邮寄国家禁止进出境的货物、物品的；

（二）用特制的设备或者运输工具走私货物、物品的；

（三）未经海关同意，在非设关的码头、海（河）岸、陆路边境等地点，运输（驳载）、收购或者贩卖非法进出境货物、物品的；

（四）提供虚假的合同、发票、证明等商业单证委托他人办理通关手续的；

（五）以明显低于货物正常进（出）口的应缴税额委托他人代理进（出）口业务的；

（六）曾因同一种走私行为受过刑事处罚或者行政处罚的；

（七）其他有证据证明的情形。

六、关于行为人对其走私的具体对象不明确的案件的处理问题

走私犯罪嫌疑人主观上具有走私犯罪故意，但对其走私的具体对象不明确的，不影响走私犯罪构成，应当根据实际的走私对象定罪处罚。但是，确有证据证明行为人因受蒙骗而对走私对象发生认识错误的，可以从轻处罚。

七、关于走私珍贵动物制品行为的处罚问题

走私珍贵动物制品的，应当根据刑法第一百五十一条第二、四、五款和《最高人民法院关于审理走私刑事案件具体应用法律若干问题的解释》（以下简称《解释》）第四条的有关规定予以处罚，但同时具有下列情形，情节较轻的，一般不以犯罪论处：

（一）珍贵动物制品购买地允许交易；

（二）入境人员为留作纪念或者作为礼品而携带珍贵动物制品进境，不具有牟利目的的。

同时具有上述两种情形，达到《解释》第四条第三款规定的量刑标准的，一般处五年以下有期徒刑，并处罚金；达到《解释》第四条第四款规定的量刑标准的，一般处五年以上有期徒刑，并处罚金。

八、关于走私旧汽车、切割车等货物、物品的行为的定罪问题

走私刑法第一百五十一条、第一百五十二条、第三百四十七条、第三百五十条规定的货物、物品以外的，已被国家明令禁止进出口的货物、物品，例如旧汽车、切割车、侵犯知识产权的货物、来自疫区的动植物及其产品等，应当依照刑法第一百五十三条的规定，以走私普通货物、物品罪追究刑事责任。

九、关于利用购买的加工贸易登记手册、特定减免税批文等涉税单证进口货物行为的定性处理问题

加工贸易登记手册、特定减免税批文等涉税单证是海关根据国家法律法规以及有关政策性规定，给予特定企业用于保税货物经营管理和减免税优惠待遇的凭证。利用购买的加工贸易登记手册、特定减免税批文等涉税单证进口货物，实质是将一般贸易货物伪报为加工贸易保税货物或者特定减免税货物进口，以达到偷逃应缴税款的目的，应当适用刑法第一百五十三条以走私普通货物、物品罪定罪处罚。如果行为人与走私分子通谋出售上述涉税单证，或者在出卖批文后又以提供印章、向海关伪报保税货物、特定减免税货物等方式帮助买方办理进口通关手续的，对卖方依照刑法第一百五十六条以走私罪共犯定罪处罚。买卖上述涉税单证情节严重尚未进口货物的，依照刑法第二百八十条的规定定罪处罚。

十、关于在加工贸易活动中骗取海关核销行为的认定问题

在加工贸易经营活动中，以假出口、假结转或者利用虚假单证等方式骗取海关核销，致使保税货物、物品脱离海关监管，造成国家税款流失，情节严重的，依照刑法第一百五十三条的规定，以走私普通货物、物品罪追究刑事责任。但有证据证明因不可抗力原因导致保税货物脱离海关监管，经营人无法办理正常手续而骗取海关核销的，不认定为走私犯罪。

十一、关于伪报价格走私犯罪案件中实际成交价格的认定问题

走私犯罪案件中的伪报价格行为，是指犯罪嫌疑人、被告人在进出口货物、物品时，向海关申报进口或者出口的货物、物品的价格低于或者高于进出口货物的实际成交价格。

对实际成交价格的认定，在无法提取真、伪两套合同、发票等单证的情况下，可以根据犯罪嫌疑人、被告人的付汇渠道、资金流向、会计账册、境内外收发货人的真实交易方式，以及其他能够证明进出口货物实际成交价格的证据材料综合认定。

十二、关于出售走私货物已缴纳的增值税应否从走私偷逃应缴税额中扣除的问题

走私犯罪嫌疑人为出售走私货物而开具增值税专用发票并缴纳增值税，是其走私行为既遂后在流通领域获取违法所得的一种手段，属于非法开具增值税专用发票。对走私犯罪嫌疑人因出售走私货物而实际缴纳走私货物增值税的，在核定走私货物偷逃应缴税额时，不应当将其已缴纳的增值税额从其走私偷逃应缴税额中扣除。

十三、关于刑法第一百五十四条规定的“销售牟利”的理解问题

刑法第一百五十四条第（一）、（二）项规定的“销售牟利”，是指行为人主观上为了牟取非法利益而擅自销售海关监管的保税货物、特定减免税货物。该种行为是否构成犯罪，应当根据偷逃的应缴税额是否达到刑法第一百五十三条及相关司法解释规定的数额标准予以认定。实际获利与否或者获利多少并不影响其定罪。

十四、关于海上走私犯罪案件如何追究运输人的刑事责任问题

对刑法第一百五十五条第（二）项规定的实施海上走私犯罪行为的运输人、收购人或者贩卖人应当追究刑事责任。对运输人，一般追究运输工具的负责人或者主要责任人的刑事责任，但对于事先通谋的、集资走私的、或者使用特殊的走私运输工具从事走私犯罪活动的，可以追究其他参与人员的刑事责任。

十五、关于刑法第一百五十六条规定的“与走私罪犯通谋”的理解问题

通谋是指犯罪行为人之间事先或者事中形成的共同的走私故意。下列情形可以认定为通谋：

（一）对明知他人从事走私活动而同意为其提供贷款、资金、账号、发票、证明、海关单证，提供运输、保管、邮寄或者其他方便的；

（二）多次为同一走私犯罪分子的走私行为提供前项帮助的。

十六、关于放纵走私罪的认定问题

依照刑法第四百一十一条的规定，负有特定监管义务的海关工作人员徇私舞弊，利用职权，放任、纵容走私犯罪行为，情节严重的，构成放纵走私罪。放纵走私行为，一般是消极的不作为。如果海关工作人员与走私分子通谋，在放纵走私过程中以积极的行为配合走私分子逃避海关监管或者在放纵走私之后分得赃款的，应以共同走私犯罪追究刑事责任。

海关工作人员收受贿赂又放纵走私的，应以受贿罪和放纵走私罪数罪并罚。

十七、关于单位走私犯罪案件诉讼代表人的确定及其相关问题

单位走私犯罪案件的诉讼代表人，应当是单位的法定代表人或者主要负责人。单位的法定代表人或者主要负责人被依法追究刑事责任或者因其他原因无法参与刑事诉讼的，人民检察院应当另行确定被告单位的其他负责人作为诉讼代表人参加诉讼。

接到出庭通知的被告单位的诉讼代表人应当出庭应诉。拒不出庭的，人民法院在必要的时候，可以拘传到庭。

对直接负责的主管人员和其他直接责任人员均无法归案的单位走私犯罪案件，只要单位走私犯罪的事实清楚、证据确实充分，且能够确定诉讼代表人代表单位参与刑事诉讼活动的，可以先行追究该单位的刑事责任。

被告单位没有合适人选作为诉讼代表人出庭的，因不具备追究该单位刑事责任的诉讼条件，可按照单位犯罪的条款先行追究单位犯罪中直接负责的主管人员或者其他直接责任人员的刑事责任。人民法院在对单位犯罪中直接负责的主管人员或者直接责任人员进行判决时，对于扣押、冻结的走私货物、物品、违法所得以及属于犯罪单位所有的走私犯罪工具，应当一并判决予以追缴、没收。

十八、关于单位走私犯罪及其直接负责的主管人员和直接责任人员的认定问题

具备下列特征的，可以认定为单位走私犯罪：（1）以单位的名义实施走私犯罪，即由单位集体研究决定，或者由单位的负责人或者被授权的其他人员决定、同意；（2）为单位谋取不正当利益或者违法所得大部分归单位所有。

依照《最高人民法院关于审理单位犯罪案件具体应用法律有关问题的解释》第二条的规定，个人为进行违法犯罪活动而设立的公司、企业、事业单位实施犯罪的，或者个人设立公司、企业、事业单位后，以实施犯罪为主要活动的，不以单位犯罪论处。单位是否以实施犯罪为主要活动，应根据单位实施走私行为的次数、频度、持续时间、单位进行合法经营的状况等因素综合考虑认定。

根据单位人员在单位走私犯罪活动中所发挥的不同作用，对其直接负责的主管人员和其他直接责任人员，可以确定为一人或者数人。对于受单位领导指派而积极参与实施走私犯罪行为的人员，如果其行为在走私犯罪的主要环节起重要作用的，可以认定为单位犯罪的直接责任人员。

十九、关于单位走私犯罪后发生分立、合并或者其他资产重组情形以及单位被依法注销、宣告破产等情况下，如何追究刑事责任的问题

单位走私犯罪后，单位发生分立、合并或者其他资产重组等情况的，只要承受该单位权利义务的单位存在，应当追究单位走私犯罪的刑事责任。走私单位发生分立、合并或者其他资产重组后，原单位名称发生更改的，仍以原单位（名称）作为被告单位。承受原单位权利义务的单位法定代表人或者负责人为诉讼代表人。

单位走私犯罪后，发生分立、合并或者其他资产重组情形，以及被依法注销、宣告破产等情况的，无论承受该单位权利义务的单位是否存在，均应追究原单位直接负责的主管人员和其他直接责任人员的刑事责任。

人民法院对原走私单位判处罚金的，应当将承受原单位权利义务的单位作为被执行人。罚金超出新单位所承受的财产的，可在执行中予以减除。

二十、关于单位与个人共同走私普通货物、物品案件的处理问题

单位和个人（不包括单位直接负责的主管人员和其他直接责任人员）共同走私的，单位和个人均应对共同走私所偷逃应缴税额负责。

对单位和个人共同走私偷逃应缴税额为5万元以上不满25万元的，应当根据其在案件中所起的作用，区分不同情况做出处理。单位起主要作用的，对单位和个人均不追究刑事责任，由海关予以行政处理；个人起主要作用的，对个人依照刑法有关规定追究刑事责任，对单位由海关予以行政处理。无法认定单位或个人起主要作用的，对个人和单位分别按个人犯罪和单位犯罪的标准处理。

单位和个人共同走私偷逃应缴税额超过25万元且能区分主、从犯的，应当按照刑法关于主、从犯的有关规定，对从犯从轻、减轻处罚或者免除处罚。

二十一、关于单位走私犯罪案件自首的认定问题

在办理单位走私犯罪案件中，对单位集体决定自首的，或者单位直接负责的主管人员自首的，应当认定单位自首。认定单位自首后，如实交代主要犯罪事实的单位负责的其他主管人员和其他直接责任人员，可视为自首，但对拒不交代主要犯罪事实或逃避法律追究的人员，不以自首论。

二十二、关于共同走私犯罪案件如何判处罚金刑问题

审理共同走私犯罪案件时，对各共同犯罪人判处罚金的总额应掌握在共同走私行为偷逃应缴税额的一倍以上五倍以下。

二十三、关于走私货物、物品、走私违法所得以及走私犯罪工具的处理问题

在办理走私犯罪案件过程中，对发现的走私货物、物品、走私违法所得以及属于走私犯罪分子所有的犯罪工具，走私犯罪侦查机关应当及时追缴，依法予以查扣、冻结。在移送审查起诉时应当将扣押物品文件清单、冻结存款证明文件等材料随案移送，对于扣押的危险品或者鲜活、易腐、易失效、易贬值等不宜长期保存的货物、物品，已经依法先行变卖、拍卖的，应当随案移送变卖、拍卖物品清单以及原物的照片或者录像资料；人民检察院在提起公诉时应当将上述扣押物品文件清单、冻结存款证明和变卖、拍卖物品清单一并移送；人民法院在判决走私罪案件时，应当对随案清单、证明文件中载明的款、物审查确认并依法判决予以追缴、没收；海关根据人民法院的判决和海关法的有关规定予以处理，上缴中央国库。

二十四、关于走私货物、物品无法扣押或者不便扣押情况下走私违法所得的追缴问题

在办理走私普通货物、物品犯罪案件中，对于走私货物、物品因流入国内市场或者投入使用，致使走私货物、物品无法扣押或者不便扣押的，应当按照走私货物、物品的进出口完税价格认定违法所得予以追缴；走私货物、物品实际销售价格高于进出口完税价格的，应当按照实际销售价格认定违法所得予以追缴。

海关总署缉私局关于利用关税配额证进口农产品相关行为定性处理的指导意见

缉私〔2014〕65号

广东分署缉私局，各直属海关缉私局：

当前海关执法工作中，一些企业非法购买并利用他人关税配额证进口农产品，或涉嫌利用粳米关税配额证进口籼米的情形高发、多发。为解决上述行为定性处理疑难问题，推动打击农产品走私“绿风”行动深入开展，我局经研商国家发改委经贸司、商务部外贸司、最高人民检察院公诉厅、最高人民法院刑五庭，及署内政法司、关税司、监管司、稽查司意见，现提出如下指导意见：

一、对利用他人农产品关税配额证进口行为的定性处理

根据国家发改委、商务部联合下发的《农产品进口关税配额管理暂行办法》(〔2003〕第4号令）规定，实施进口关税配额管理的农产品包括小麦、玉米、大米、豆油、菜子油、棕榈油、食糖、棉花、羊毛以及毛条（其中豆油、菜子油、棕榈油自2006年1月1日起不再实行配额管理)；农产品进口关税配额依照每年公布的配额数量、申请条件和分配原则进行分配。对利用他人关税配额证进口相应农产品的行为，由于其在宏观上未突破国家政策管控的总体数量限定，数量、价格、品名均如实申报，未对关税配额和国家税收造成实际损害，对该类行为原则上不按走私犯罪处理。

二、对利用大米关税配额证进口与证件所载品名不符行为的定性处理

在实施进口关税配额管理的农产品中，国家对大米进口关税配额有特别要求，分为长粒米（籼米）关税配额和中短粒米（粳米）关税配额，并明确两种配额不得混用。利用关税配额证进口与证件所载品名不同的大米，所进大米实为无证进口。对该类情形，应按以下原则处理：

（一）利用关税配额证伪报进口不同品名的大米（如利用自有粳米配额证伪报进口籼米，非法购买、利用他人粳米配额证伪报进口籼米等)，其行为破坏了国家对外贸易管理秩序和国家宏观经济调控政策，依法构成走私，对主

观故意明显、证据充分的，各海关缉私部门要及时立案查办，严厉打击。

（二）对涉案走私大米，应适用配额外税率计核其偷逃应缴税额。

（三）鉴于我国目前对长粒米和中短粒米的具体认定标准不够明确，对籼米、粳米的认定标准也仅是外观描述，海关执法工作中对一些进口大米的归类认定存在较大困难和不确定性。因此，对于实际进口大米品名难以确定，米种归类有争议，行为人伪报主观故意不明显的情形，缉私部门要严格掌握立案标准，慎重立案。

三、建立涉证进口农产品情况通报制度

为加强部门间联系配合，形成执法合力，进一步强化农产品进口关税配额管理，促进配额证规范使用，我局与国家发改委、商务部相关业务司商定，建立涉证进口农产品情况通报制度。各海关缉私部门对侦办的涉证进口农产品刑事案件，应当在移送审查起诉之日起 7 日内，将涉案企业非法利用关税配额证进口农产品情况上报总署缉私局；对查办的相关行政案件，应当在作出行政处罚决定之日起 7 日内上报有关情况。情况通报工作由总署缉私局法制一处归口负责。

各海关缉私部门查处涉证进口农产品违法犯罪，应贯彻执行本指导意见。遇重要问题，请及时报总署缉私局。

海关总署缉私局

2014 年 6 月 24 日

最高人民法院　最高人民检察院　公安部 印发《关于办理走私、非法买卖麻黄碱类复方制剂等刑事案件适用法律若干问题的意见》的通知

法发〔2012〕12号

各省、自治区、直辖市高级人民法院、人民检察院、公安厅（局），解放军军事法院、军事检察院，新疆维吾尔自治区高级人民法院生产建设兵团分院，新疆生产建设兵团人民检察院、公安局：

为从源头上惩治毒品犯罪，遏制麻黄碱类复方制剂流入非法渠道被用于制造毒品，最高人民法院、最高人民检察院、公安部制定了《关于办理走私、非法买卖麻黄碱类复方制剂等刑事案件适用法律若干问题的意见》。现印发给你们，请认真贯彻执行。执行中遇到的问题，请及时分别层报最高人民法院、最高人民检察院、公安部。

二〇一二年六月十八日

最高人民法院　最高人民检察　院公安部 关于办理走私、非法买卖麻黄碱类复方制剂等刑事案件适用法律若干问题的意见

为从源头上打击、遏制毒品犯罪，根据刑法等有关规定，结合司法实践，现就办理走私、非法买卖麻黄碱类复方制剂等刑事案件适用法律的若干问题，提出以下意见：

一、关于走私、非法买卖麻黄碱类复方制剂等行为的定性

以加工、提炼制毒物品制造毒品为目的，购买麻黄碱类复方制剂，或者运输、携带、寄递麻黄碱类复方制剂进出境的，依照刑法第三百四十七条的规定，以制造毒品罪定罪处罚。

以加工、提炼制毒物品为目的，购买麻黄碱类复方制剂，或者运输、携带、寄递麻黄碱类复方制剂进出境的，依照刑法第三百五十条第一款、第三款的规定，分别以非法买卖制毒物品罪、走私制毒物品罪定罪处罚。

将麻黄碱类复方制剂拆除包装、改变形态后进行走私或者非法买卖，或者明知是已拆除包装、改变形态的麻黄碱类复方制剂而进行走私或者非法买卖的，依照刑法第三百五十条第一款、第三款的规定，分别以走私制毒物品罪、非法买卖制毒物品罪定罪处罚。

非法买卖麻黄碱类复方制剂或者运输、携带、寄递麻黄碱类复方制剂进出境，没有证据证明系用于制造毒品或者走私、非法买卖制毒物品，或者未达到走私制毒物品罪、非法买卖制毒物品罪的定罪数量标准，构成非法经营罪，走私普通货物、物品罪等其他犯罪的，依法定罪处罚。

实施第一款、第二款规定的行为，同时构成其他犯罪的，依照处罚较重的规定定罪处罚。

二、关于利用麻黄碱类复方制剂加工、提炼制毒物品行为的定性

以制造毒品为目的，利用麻黄碱类复方制剂加工、提炼制毒物品的，依照刑法第三百四十七条的规定，以制造毒品罪定罪处罚。

以走私或者非法买卖为目的，利用麻黄碱类复方制剂加工、提炼制毒物品的，依照刑法第三百五十条第一款、第三款的规定，分别以走私制毒物品

罪、非法买卖制毒物品罪定罪处罚。

三、关于共同犯罪的认定

明知他人利用麻黄碱类制毒物品制造毒品，向其提供麻黄碱类复方制剂，为其利用麻黄碱类复方制剂加工、提炼制毒物品，或者为其获取、利用麻黄碱类复方制剂提供其他帮助的，以制造毒品罪的共犯论处。

明知他人走私或者非法买卖麻黄碱类制毒物品，向其提供麻黄碱类复方制剂，为其利用麻黄碱类复方制剂加工、提炼制毒物品，或者为其获取、利用麻黄碱类复方制剂提供其他帮助的，分别以走私制毒物品罪、非法买卖制毒物品罪的共犯论处。

四、关于犯罪预备、未遂的认定

实施本意见规定的行为，符合犯罪预备或者未遂情形的，依照法律规定处罚。

五、关于犯罪嫌疑人、被告人主观目的与明知的认定

对于本意见规定的犯罪嫌疑人、被告人的主观目的与明知，应当根据物证、书证、证人证言以及犯罪嫌疑人、被告人供述和辩解等在案证据，结合犯罪嫌疑人、被告人的行为表现，重点考虑以下因素综合予以认定：

1. 购买、销售麻黄碱类复方制剂的价格是否明显高于市场交易价格；

2. 是否采用虚假信息、隐蔽手段运输、寄递、存储麻黄碱类复方制剂；

3. 是否采用伪报、伪装、藏匿或者绕行进出境等手段逃避海关、边防等检查；

4. 提供相关帮助行为获得的报酬是否合理；

5. 此前是否实施过同类违法犯罪行为；

6. 其他相关因素。

六、关于制毒物品数量的认定

实施本意见规定的行为，以走私制毒物品罪、非法买卖制毒物品罪定罪处罚的，应当以涉案麻黄碱类复方制剂中麻黄碱类物质的含量作为涉案制毒物品的数量。

实施本意见规定的行为，以制造毒品罪定罪处罚的，应当将涉案麻黄碱类复方制剂所含的麻黄碱类物质可以制成的毒品数量作为量刑情节考虑。

多次实施本意见规定的行为未经处理的，涉案制毒物品的数量累计计算。

七、关于定罪量刑的数量标准

实施本意见规定的行为，以走私制毒物品罪、非法买卖制毒物品罪定罪处罚的，涉案麻黄碱类复方制剂所含的麻黄碱类物质应当达到以下数量标准：麻黄碱、伪麻黄碱、消旋麻黄碱及其盐类五千克以上不满五十千克；去甲麻黄碱、甲基麻黄碱及其盐类十千克以上不满一百千克；麻黄浸膏、麻黄浸膏粉一百千克以上不满一千千克。达到上述数量标准上限的，认定为刑法第三百五十条第一款规定的“数量大”。

实施本意见规定的行为，以制造毒品罪定罪处罚的，无论涉案麻黄碱类复方制剂所含的麻黄碱类物质数量多少，都应当追究刑事责任。

八、关于麻黄碱类复方制剂的范围

本意见所称麻黄碱类复方制剂是指含有《易制毒化学品管理条例》（国务院令第 445 号）品种目录所列的麻黄碱（麻黄素）、伪麻黄碱（伪麻黄素）、消旋麻黄碱（消旋麻黄素）、去甲麻黄碱（去甲麻黄素）、甲基麻黄碱（甲基麻黄素）及其盐类，或者麻黄浸膏、麻黄浸膏粉等麻黄碱类物质的药品复方制剂。